湛庐CHEERS

与最聪明的人共同进化

HERE COMES EVERYBODY

CHEERS
湛庐

穿行在
记忆的宇宙

A BRIEF HISTORY OF ME AND MY CAREER

[美] 芭芭拉·特沃斯基
Barbara Tversky 著
郑 琛 译

浙江科学技术出版社·杭州

测一测

你了解认知科学吗？

- 我们的记忆是否会因听众、目的和情境的不同而有所变化？

  A. 是

  B. 否

- 以下哪项是人们所有思维的基础？（单选题）

  A. 语言思维

  B. 时间思维

  C. 空间思维

  D. 手势思维

- 著名的心理学家、行为经济学家阿莫斯·特沃斯基和谁曾经有过密切的合作，促成了经济学和心理学的交叉融合，为行为经济学领域做出了巨大贡献？（单选题）

  A. 丹尼尔·卡尼曼

  B. 理查德·塞勒

  C. 肯尼斯·阿罗

  D. 巴里·施瓦茨

扫码加入书架
领取阅读激励

扫码获取
全部测试题及答案，
一起穿行芭芭拉的记忆宇宙

扫描左侧二维码查看本书更多测试题

故事里藏着芭芭拉的生活和科学

郑　琛
哥伦比亚大学认知科学博士
清华大学人工智能与认知神经科学博士后

非常感激能有机会为我的博士生导师芭芭拉·特沃斯基教授的自传写一篇译者序。

坐在电脑前，过去 10 年间的画面一幕幕从脑海中跳了出来。与翻译这本书相比，写这篇序言实在难多了。芭芭拉很爱讲故事，或者说，讲故事是她与他人沟通、帮助他人理解的一种方式。这 10 年中，我听到、读到了很多故事，也因为这些故事产生了更多好奇甚至疑惑，其中很多在这次翻译的过程中得到了解答。所以，亲爱的读者，也许我也可以为你讲几个故事，然后你就可以从芭芭拉自己的故事中找到答案，就像我在翻译过程中所做的那样。

第一个故事：芭芭拉好像认识所有人

芭芭拉好像认识所有人，是的，所有人。有一天下课的时候，她说她要去参加一位朋友的新书介绍会，地点在 82 街附近的书店。她觉得这位朋友的演讲向来有趣，鼓励我们都去听一听。于是，当我们从地铁站冲进书店的大门时，映入眼帘的是银发蓝眸、精神矍铄的史蒂芬・平克（Steven Pinker）[①]。两位在我的认知中没有什么交集的学者原来一早就是朋友。我不知道芭芭拉如何能平和又真挚地欣赏几乎每一个与她产生交集的人，从人工智能领域的女性传奇到手足

① 当代思想家、世界知名语言学家和认知心理学家，他的著作《理性》《当下的启蒙》《白板》《语言本能》《思想本质》《心智探奇》共 6 部作品组成史蒂芬・平克典藏大师书系，中文简体字版均已由湛庐引进，浙江教育出版社、浙江科学技术出版社出版。——编者注

无措的学生，从日本的宗教艺术学者到跨越宗教相爱的新婚夫妇。在芭芭拉的故事里，他们每个人都如此独特、如此璀璨，早已分不清是他们走进了她的生活，还是她迎接他们走向了自己。

第二个故事：关于勇敢

博二的时候，我读了一个跨学科夏校。跨学科的艰难在于大家彼此很难听懂对方在讲什么，更不要说在科研上展开合作。于是很多人，包括我在内，在几天之内就感觉像是达到了“愚蠢”的巅峰。但芭芭拉从来没觉得这是什么大事。

我几乎每天都给她写邮件，告诉她今天听到的新发现、新方法、新理论，当然还有新困扰。她的回复始终都是：太好了，你又学到了新的知识，多么有趣。很多东西我之前也不懂，谢谢你告诉我。于是渐渐地，我开始接纳甚至享受自己的“愚蠢”，学会了剖析和解决自己的“不懂”。我开始为接触到一个个全新的领域和思维方式感到兴奋。后来，我不断回到这个夏校，它成了我的社区。再后来，我决定在博士后阶段从认知科学研究转向人工智能研究。当我告诉芭芭拉的时候，她说，“You go for it, Chen！（放手去做，琛！）”

第三个故事：时尚是个圈，但谁说科学不是呢？

芭芭拉一向很时髦。有一年冬天，她穿了一件橙黄色的机车夹克来上研讨课，她跟我们说这件衣服好像是 20 世纪 90 年代买的。我一边震惊于这件衣服的质量，一边赞叹时尚果然是个圈。实际上，芭芭拉也经常提到某个当下如火如荼的科学命题在 10 年前、30 年前也曾经风靡一时。也许这个现象需要研究“科学的科学”的学者来解释，但奋力站在科学的最前沿与奋力从经典中汲取灵感想来并不冲突。**炽热的生命力从哪里来呢？也许就是从热爱生活、热爱科学本身开始的吧。**

故事就先说到这里吧。未来如果有机缘，也许我们可以相遇，一起聊聊科学，聊聊成长，聊聊在日复一日的生活中塑造了我们人格和品质的重要他人，聊聊如何在这个纷繁的世界中活成美好的样子。一直以来我都抱着读小说的心情阅读芭芭拉的文章和著作，因为它们有时虽然难懂，但实在太有趣了。在这次翻译的过程中，我努力呈现一个原汁原味的芭芭拉。衷心感谢编辑老师们对翻译稿的补充和订正，也由衷希望读者朋友们能通过这些文字窥见芭芭拉有趣的灵魂，看到一个人、一名女性、少数族裔和科研工作者成长和生活的一面。愿读者朋友们能感受到温暖和鼓舞，正如我每次看到芭芭拉的名字时所感受到的那样。

是的，即使在 2024 年，这仍然是一篇无法用 AI 替代写作的译者序。

2024 年于清华园

重启人生的记忆

开始讲述一个故事甚至一部生活史的方法有很多。对于一部生活史来说，从头开始往后讲似乎是一件自然而然的事情。然而，无论是生活还是历史，用许多人的话来说，都不仅仅是一件事情接着另一件事情那么简单。人们的生活中会发生那么多的故事，要选择哪些、忽略哪些？观众是谁，他们会对什么感兴趣？每个故事都需要来龙去脉和发生背景，以及回溯当时的时间和空间里的支线故事，而按线性顺序从头讲起根本无法构成一个合理的故事。

有时候，从中间或者从结尾开始讲会更有意思，因为这样一来，故事的开头就有了方向，甚至有了明确的目的地。但是，如果仅仅瞄准了那个目的地，为了讲故事而讲故事的话，就会忽视这一过程中的各种可能性和不确定性。每个人生故事都取决于环境和选择，没有什么是不可避免的，一切都有其他可能性。

生活不是一个人的，我们的生活必然会和他人产生交集。他人也有自己的历史，这些历史既有所重叠又相互独立。生活中必然包含着事件，事件是被记载为历史的，而事件发生的地点同样有自己的历史。**人、地点和事件，这些是我们组织生活的方式，是我们赋予生活意义的方式，也是我们记忆自己和他人生活的方式。**

重新开始创造记忆

即使我从头开始讲，这个故事其实也早已行过中段。我开始写这本书的时候是 2022 年的夏天，是以无数种方式改变了我们生活的疫情开始的两年多之后。而在 2019 年的 10

月，我大部分时间都是在清华大学度过的，那是一段充实的访学生活——我做演讲、听演讲，见到了许多或年轻或已成名的学者。我和聪明且专注的学生们一起参观了北京的许多景点，我与他们交流工作和生活情况，询问他们如何看待这个世界，又如何看待未来。

那不是我第一次去北京。我第一次去北京是在 1988 年，之后每隔几年我都会去一次，在这期间我目睹了北京的巨大变化，从自行车、灰色中山装和胡同到堵塞的交通、高级时装和高楼大厦。2019 年，我带着美好的回忆和继续加深彼此互动的计划暂别北京，但是那场疫情结束了这一切。谁又能知道接下来会发生什么呢？

我讲述的一切都来自我现在的记忆，来自我现在所处的时空的视角。这里的时空不仅有现实空间，还有职业空间、知识空间和社会空间。我从本科开始学习心理学，一直在研究记忆，从研究和经验中，我清楚地知道，我们会不断重写自己的记忆。记忆并不发生在文字中，尽管我们常用文字来叙述记忆。事件的发生是多模态的、变化的、转瞬即逝的。

我们冻结了一段时间，去选择、整合并解释事件，然后把它“装箱”，贴上标签，比如高中毕业、巴黎之行或者孩子出生。**理解正在发生的事情是创造记忆的开始，而这取决于我们注意到了什么以及我们当时如何看待和理解它。**每当我们回顾一段记忆的时候，创造记忆的过程就会重新开始，我们选择、整合、解释和“装箱”这些记忆，所有这些都受到我们所面对的特定观众以及特定环境的影响。这些情况改变了我们的讲述方式，而我们的讲述方式也改变了记忆，如此循环反复。

因视角不同而改变的记忆

2017年夏天，娜塔莉·玛琳–斯特里特（Natalie Marine-Street）因为斯坦福历史学会的口述史项目采访了我。这一采访作为斯坦福先锋女性和斯坦福教师口述史项目的一部分被转录发表。2019年，我出版了《行为改造大脑》（*Mind in Motion*）一书，提出了“**空间思维，根植于对空间的感知和在空间中的行为，是人们所有思维的基础**”这一观点。这个观点得到了空间思维、语言、神经科学、手势、设计、创造力、图解推理等多个认知科学研究领域的支持。这本书是我数年研究的结晶，也是一次使这项研究工作能为学界内外更多读者所关注和接受的尝试。当时湛庐邀请了我的两位博士生刘杨和郑琛，将这本书的文字翻译成简体中文，后来他们陆续完成学业回到北京。在翻译工作完成后，这本书的中文版于 2022 年夏天出版。我感谢学生们的辛苦付出并为他们感到骄傲，真希望我也能阅读这本译著。

在出版这本书的中文版的同时，湛庐邀请我梳理我的斯坦福教师口述史项目的文稿，以便翻译成中文出版。考虑到包括法律因素在内的一些因素，我决定重写这份文稿，于是就有了现在这本书，但其中大部分重点和结构都源自娜塔莉的好奇心和提问。

这项任务对于像我一样不喜欢写传记，甚至不喜欢谈论自己的人来说实在令人生畏。对我来说，写下想法或者谈论想法是容易的。我知道如何写想法，如何谈论想法，但我不知道如何写我自己。我有种预感，这种坦白的开局并不是一个好的开始。我要讲述的将是一连串的事件，每个事件都与过去和未来的其他地方、其他人和其他事件有着千丝万缕的联系。我会尽量选择那些有特点的事件、塑造人物的事件，或者处于转折点的事件，并按照它们现存于我记忆中的样子来书写。

20世纪90年代末，我、美国心理学家伊丽莎白·马什（Elizabeth Marsh）以及我们的一些学生，开始了一项关于人们如何复述生活中的事件的研究。我们研究了学生告诉其朋友或家人的故事，以及他们在实验室里讲的故事。在实验室，学生们会阅读我们精心撰写的故事，并为了不同的目的，向不同的听众回忆这些故事。总的来说，这项研究表明，**人们对事件的复述会因听众、目的和情境的不同而大相径庭**。我们还发现，**用特定的视角复述记忆会使人们按照这些视角改变自己的记忆**。

这是很自然的事情：我们对事物，包括对记忆的解释，在面对孩子、亲密的朋友和陌生人的时候都是不同的。我们会考虑他们的视角，会把我们认为他们会理解的内容以及需要补充的背景、动机或者解释都纳入考虑范围。我们还会考虑我们想让他们知道什么，以及希望他们如何理解我们所讲述的内容，这些修饰可以且也的确会成为记忆的一部分。试想一下，你是如何将一个自己的故事与孩子、密友、陌生人以及父母联系起来的，或许你就明白了。

故事的意义

我和美国心理学家丹尼·奥本海默（Danny Oppenheimer）进行过另外一项尚未公开发表的研究。在这项研究中，我们要求学生评估他们从朋友那里听到的故事。我们知道，当朋友们讲故事的时候，他们承认自己会对故事进行美化，增加没有发生的细节，夸大已经发生的事情，也会省略一些重要的细节。这不足为奇，听众们也知道这一点，毕竟听众也常常是故事的讲述者。因此，在某种程度上，听众可以对自己听到的内容“打个折”，也许他那周有 4 场考试，而不是他说的 6 场，也许他每晚睡得比 4 小时要多。但是听众不能忽视他们不知道的内容，也就是他们没有被提前告知的内容，因为他们不知道讲述者遗漏了什么，又添加了什么。

因此，亲爱的读者，您目前正处于这项未发表的研究中“听众”的位置。我讲述的所有内容都有它自己的历史。我曾在其他场合讲述过其中的一些故事，我不可避免地会对它们进行修饰，也许只是为了让当时的听众听起来更容易理解并且富有意义。有时候我也是过段时间才意识到这些故事的意义，或者说，我认为我是后来才意识到这些故事的意义的，即使这种后知后觉也一直处在变化之中。我确信我忘记了某些重要的细节，并且添加了不属于那个时空的细节，尤其是在类似的场合。有些故事我已经和家人核对过，有些没有。**记忆并不是一个镜厅，每一次更深入的反射让事物变得更小的同时也更准确。反之，我现在所拥有的只是我经过过滤和修饰的记忆，我无法回到过去验证。**即使我能回到过去，也只能带着我现在的视角回去，而不是真的复现当时。

娜塔莉的采访旨在记录退休教授们的生活，尤其是人数更为稀少的女性退休教授的生活。她的许多问题都是关于我和我祖辈生活的，因为她觉得这些事情很不寻常，又很有趣，她还对我在 20 世纪 60 年代参加的学生运动感兴趣。采访是在迈克尔 · 刘易斯（Michael Lewis）的畅销书《思维的发现》（*The Undoing Project*）出版后不久进行的。那本书的主人公是我的丈夫阿莫斯·特沃斯基（Amos Tversky）[①]和他的朋友丹尼尔·卡尼曼（Danniel Kahneman）[②]，内容是关于他们两个人都还是以色列希伯来大学年轻教授时开始的合作。

我有幸见证了这段合作，所以也是迈克尔这本书的主要信息来源之一。他们的工作对心理学、经济学、哲学、法律、政治学和公众都产生了巨大的影响。我的丈夫也曾是斯坦福大学的教授，但他在 1996 年去世了，所以他的故事并没有被斯坦福教师口述史项目记录下来。我利用这次讲述我故事的机会也讲述了一些属于他的非凡历史。当然，这其中有很多故事是属于我们两个人的。

---

① 著名心理学家和行为科学家。他的作品《特沃斯基精要》包含了他一生所写的 14 篇精华之作，能够充分体现他的思想和研究的特点。该书中文简体字版已由湛庐引进、浙江教育出版社出版。——编者注

② 诺贝尔经济学奖得主，行为经济学之父。他在《噪声》一书中分析了人类判断出错的原因，并指出噪声是影响人类判断的黑洞。该书中文简体字版已由湛庐引进、浙江教育出版社出版。——编者注

接下来的内容是在娜塔莉对我的采访记录的基础上改写、重组、编辑和润色的。她对我进行了一番研究，发现了一些我已经忘记或者她觉得没有人知道的事情。她为此精心设计了一系列问题，认为这些问题会引起更多读者的兴趣。我十分感谢她的那些令人愉快的采访，也感谢她愿意让我以那次采访为起点讲述我的故事。

目录

A Brief History of Me and My Career

A Brief History of Me and My Career

第 1 章

我决定走一条远一点的路回家

第二天，我决定走一条远一点的路回家，于是我穿过街道，往右转走到拐角，再往左转到下一个拐角，然后再左转。我停了下来，我知道我应该在家附近的街道上。望着长长的街道，我看见一群小孩，但他们看起来不像是我们街区的孩子，当然，这是在我戴眼镜之前的想法。于是我沿着原路返回公园，穿过两个后院到街上。当我走到街上的时候看到了一群完全一样的小孩，我才意识到之前不相信自己的逻辑和空间推理能力，这事是多么愚蠢。

像大多数人一样，我无法记住那些最早发生在我生命中的事件。那些事儿都是别人告诉我的，所以我对它们的记忆是我对“他人的记忆”的记忆。

很少有人会记得 4 岁之前发生在自己身上的事情。为什么呢？这是个谜，尽管它可能与一名婴儿、幼儿或者学龄前儿童所处环境的巨大差异有关，这里的环境包括空间、时间以及社会环境，尤其是语言环境。我生活中的那些早期事件，或者说每个孩子生活中的那些早期事件，都是他们看护人记忆的一部分，不是孩子们自己的记忆。

从纽约开始的故事

言归正传，我的故事可以从纽约市的近郊开始，因为我父母觉得那里比他们刚刚离开的那座城市更适合孩子成长。住在纽约市的时候，我父亲工作，母亲在艺术学生联盟学习艺术。那时，艺术学生联盟是纽约繁华的创新艺术空间的中心。我出生后不久就爆发了第二次世界大战，我父亲应征加入美军。他在科罗拉多州受训，并被派往菲律宾维修飞机。那时我母亲怀着第二个孩子，她搬到芝加哥和我的外祖母住在一起，同住的还有我的姨妈和她们的孩子——姨妈们的丈夫当时都在欧洲参战。一屋子的女人和孩子，实在是太拥挤了。我母亲很快就搬去了自己的公寓。这个公寓位于芝加哥的北部，坐落在密歇根湖以西的半个街区里。

像所有军人的妻子一样，我母亲也会给我父亲写信，但她的信是画出来的，既迷人又有趣。这些信讲述了一个世界通用的故事——一位母亲独自照顾年幼的孩子，父亲则在遥远的地方，处于危险之中。我母亲用幽默的方式描绘了恐惧和动荡，这些画后来收录在《爱玛格丽特》（*Love Margaret*）

一书中，很快就被许多人珍藏，当然，尤其是她的家人。后来，她会给我们寄来家庭新闻的速写作为新年贺卡，她捕捉到了我们每个人的特点以及我们不断变化的兴趣和日常生活，并将这些内容可视化。在孩子们长大之后，她撰写了几本儿童读物并为它们绘制了插图。这些书中的故事都是有关“失去”和“寻找”的，这些主题对每个人的生活都很重要。在去世之前，我母亲开始为还不会阅读的孩子创作无字漫画，这是个有趣的想法。在手绘图解和用漫画讲故事这一点上，她超越了她所处的时代。

在她去世许多年后，我开始研究图解和漫画这种丰富的、多模态的交流方式。当我还是个孩子时，我也像她一样喜欢艺术、建筑、设计和绘画，包豪斯风格在我们家占据了统治地位。母亲的家族中也充满着艺术氛围。她的一位瑞典表亲是建筑师，同时也是获奖小说家和卓有成就的画家，风格与我母亲非常相似。她的另一位小表妹现在已经 90 多岁了，是瑞典著名的艺术家，深受人们喜爱。我的一位美国表亲的作品美得令人惊叹，我的一位侄女主要在研究艺术史，更不要说我孙子孙女们的艺术天赋了！我母亲鼓励我坚持自己的艺术爱好，她经常说我比她更有天赋，但这对我来说的确难以置信，尤其是在看到墙上就挂着她的画作时。

我最早的记忆就是从那间公寓里开始的，我与母亲还有比我小将近两岁的妹妹一起生活。当妹妹大到可以坐着自己吃东西时，母亲就教我给两片面包涂上黄油并撒上一点糖。我把其中一片递给婴儿床里的妹妹，另一片给我自己。这就是我们的早餐，而母亲就可以趁机多睡一会儿。这两件事后来变成了日常——每当我能做点儿什么的时候，母亲就让我接手。后来的许多年间，我都在母亲睡觉或者阅读时为我的三个弟弟妹妹准备早餐，照顾他们。通常，我向母亲求助的时候，得到的答案总是"你自己去做"。从许多方面来说，我是自己养大了自己。

在纽约和芝加哥过了几年公寓生活后，我在芝加哥北部一个中上阶层的郊区度过了学生时代的大部分时光。那是 20 世纪 50 年代的事了。像我们一样，大多数邻居都是"单亲家庭"，住在宽敞的房子里，周围环绕着带草坪的院子。这些家庭的父亲通常在芝加哥工作，母亲则是家庭主妇，带着两到四个孩子。我一般走路或者骑自行车去学校，路上会穿过一个有树林的大公园，里面有很多古树，其中一些古树在几个世纪前就被波塔瓦托米印第安人砍断，用来作为小路上的标志。在家的时候，我们会在车道上的碎石头里寻找“箭头”，结果真的找到了！至少我们是这么认为的。这些看得见、摸得着的东西把我和各种地方以及与过去连接起来，引起了或者说反映了我年少时对空间、地点、导航和历史的兴趣。

在学会阅读之后，我就把自己沉浸在书中。书籍把我带到更远的地方，带到其他地方和其他时代。知道总还有一本书可以读是一种解放，因为总有更多知识可以了解，更多文字可以探索和解读，阅读赋予生命以意义。市图书馆一次只允许借 4 本书，所以我经常骑车去还已经读完的书，然后冲回家读新借的书。市图书馆的图书管理员是一名身材瘦高笔直、温文尔雅的挪威人，像贾科梅蒂[①]作品中的人物一样。

① 阿尔贝托·贾科梅蒂（Alberto Giacometti），瑞士存在主义雕塑大师、油画家、素描家和诗人，其雕塑作品多以火柴杆式的人物造型呈现，呈现出孤瘦、单薄、高贵和独特的诗意气质。——编者注

她的眼睛里总是闪烁着光芒，几乎记得我读过的每一本书，还总是会给我推荐新书。

不过读书并不是我唯一的爱好，我还经常和朋友们待在一起消磨时光，尤其喜欢一起做运动。我擅长的运动是体操和游泳，后来又转向花样游泳，当然，我对曲棍球也充满热爱。那时候我们把体操叫作“翻滚”，并且只在坚硬的地面上进行，对我这样精力旺盛的人来说，这是一项完美的体育运动，因为你可以随时随地翻跟斗或者用手走路，比如我放学后经常倒立着跟母亲聊天。我和妹妹创作了一个翻滚节目，在家里和学校都表演过。读研究生的时候，我经常在一栋走廊狭长的大楼高层独自工作到深夜，之后我就倒立着走到电梯口。

女孩子热衷于非竞技体育运动总会比热衷于竞技体育运动更容易获得鼓励，而我也的确被那些要求精确性、灵活性、时间性、协调性、力量性和偏艺术性的运动所吸引，实际上，我一直都不喜欢竞争性的行为。另外，我还喜欢写作和绘画。

我的父亲母亲

我花了一段时间才意识到我的家庭和其他家庭的不同。我们是犹太人，是一个渺小且“不受欢迎”的少数群体，而其他人是新教徒；我们是自由派，其他人则是保守派。我们不被大众所接纳，即便在孩提时代，我们也不会被邀请到别人家里做客。一起在外面玩是可以的，但不能去别人家里。其他人会在周日穿戴整齐去教堂，而我们不去。我们一直保持着低调。我们拥有一小群朋友，他们来自附近其他几个已经融入当地的自由派犹太家庭，他们都是非常好的人。当然，许多人觉得他们不一样，其实我们每个人都不一样，但也许在这里，差异更明显一些。

同样不寻常的是，我是在各种语言和文化交织的家庭环境中长大的。我母亲出生在瑞典，那是一个拥有高大的金发人种的国度，但她和我一样瘦小，而且是深色头发。我母亲的母亲，也就是我的外祖母，出生在美国的芝加哥，但我母亲的家庭在她出生之前才刚从阿尔萨斯搬到美国。阿尔萨斯在当时是一个夹在德国和法国之间不稳定的区域。外祖母的法国血统体现在她的名字里，她叫阿黛尔，这个名字也是我的中间名。外祖母因为小时候生病而心脏功能受损，因此在她 20 岁刚出头的时候就被送到德国南部的一个温泉疗养院接受治疗，那是一个接收犹太人的疗养院。她在那里遇到并爱上了一个迷人的男人，他来自瑞典一个富裕的犹太家庭。他们在伦敦结婚，后来搬到了瑞典，在瑞典，他们受到了男方家庭的欢迎，很快就有了自己的 4 个孩子。

我们这个大家族的关系很亲密，经常聚会，特别是在节假日，无论这个节日源于哪种信仰。我母亲是家里最小的孩子，也是唯一的女孩。在她两岁的时候，外祖父去世了，整个家庭陷入窘境。我外祖母那富裕的姐姐最终把大家带去了芝加哥，并提供了住所和经济支持，于是母亲和她的哥哥们得以在美国完成教育并留了下来。

第二次世界大战结束后，母亲和她的哥哥们住得很近，并且经常和他们一起共度周末和节假日。那时，许多瑞典亲戚会来我家拜访，于是我家里也充满着浓厚的瑞典文化氛围。我和我的瑞典表亲至今都很亲近，我现在还经常拜访他们。

我的父亲虽然出生在美国，但他的母语是意第绪语，那是东欧犹太人的语言，是一种用希伯来文字书写的德语方言。我的祖父母讲俄语、意第绪语和英语。意第绪语是一种丰富的、富有表现力的语言，也是祖父母最喜欢的语言，所以他们来看我们的时候总是说意第绪语。1905 年，我祖父母带着孩子，和许多人一起来到了纽约定居。到了美国后，他成为一名劳工组织者，虽然不懂英语，但他满怀理想，最后成了一名小商人。

祖父总是把自己沉浸在文学当中，有好几次我去看他的时候，他都坐在一张大扶手椅上，两边是成堆的报纸和书籍。我祖母更安静一些，也不怎么会说英语。虽然我和祖母的沟通更困难一些，但他们之间的爱和他们对我们的爱是显而易见的。他们养育了两个成功的孩子，就是我父亲和我姑姑。祖父母把他们俩都送进了威斯康星大学，完成了本科和研究生教育。

我非常喜欢我祖父，他也非常喜欢我。他既智慧又幽默，他的存在将我笼罩在爱和温暖之中。我刚学会写字就开始和祖父通信，这种沟通方式一直持续到我结婚之后搬到以色列。我三年级的时候对星星和星座很着迷，于是我在回信上签署的地址是：太阳系，地球，美国，伊利诺伊州，高地公园，克利夫顿大街 1805 号。每一个地点都处于更大的地点之中，而更大的地点则处于比之更大的地点之中，不断扩大的空间维度即使在当时也令我沉迷。

我祖父本可以去以色列，以至于后来我住在以色列的时候时常会想，如果他当时到以色列来，他的生活会是怎样。

他是坚决反对宗教的，虽然他在一个宗教家庭里长大，像所有犹太家庭的男孩一样，从小就开始接受严格的宗教教育。据他所说，希伯来语是宗教的语言，而意第绪语是犹太人的语言。他之所以拒绝去以色列，是因为以色列说的是希伯来语。当我写信说我要和阿莫斯结婚，和他一起搬到以色列并正在试着学习希伯来语时，他回信祝福了我，但还是忍不住补了一句：“你为什么不学意第绪语？那是一门很好的语言。意第绪语过去和现在都实在是一门很好的语言，真希望你会说。”

在我们家，有其他国家或地区的语言、口音、食物、文化和思维方式是非常平常的事情。我们试图在外表上看起来和所有人一样，但我们每个人内在的生活方式其实都很不同。搬家，甚至搬到其他国家生活是一件自然甚至是意料之中的事情，它本身就是生活的一部分。我们和邻居之间也有着巨大的不同，我们是刚到美国的新移民，我们习惯于搬家，把自己“连根拔起”，而他们已经在美国深深扎根了好几代人。

据我父亲所说，在他的成长过程中，家里总是有其他人跟他共用一间卧室，通常是家里的男性亲戚。祖父母攒了一些钱后，马上就把其他国家的亲戚接过来。当这个亲戚可以自立，家里又有一点空间的时候，就会有其他人过来，之后又会有别的人。

这些人为我父亲的生活带来了很多新东西。在卧室里，他们给父亲讲他们自己的故事，是父亲尊敬和崇拜的人物。他们不断提醒着父亲生命的脆弱，提醒着他家庭和社区的重要性。我父亲非常喜欢给我讲他听到的家中亲戚们的故事，我也非常喜欢听。多年之后，他的记忆力开始衰退，但我还是可以通过让他讲这些故事的方式来让他说话。当他因为想不到一个合适的词而感到沮丧的时候，我就会及时补充。我很珍惜与父亲、祖父一起生活的日子以及与他们的社区之间的联结。

他们属于一个庞大的说意第绪语的社区。这个社区有着兴盛的意第绪语文学和戏剧文化，还有说意第绪语的夏令营。很长时间以后，也就是在我祖父母去世后不久，我们才得知他们没有正式结婚。对此，我们并不觉得诧异。我猜他们一定是不想举行一场宗教仪式，但又不知道怎么举行世俗仪式。他们知道自己想要什么，什么对他们有好处，并且不需要一个权威来批准这一切。

我父亲在高中时期担任校报的编辑，他发现校长会从学校午餐供应的每盒牛奶的费用里抽走一便士，便在校报上把这件事报道了出来。校长当时勃然大怒，然后去找了布鲁克林学院的校长。布鲁克林学院是一所公立学校，当时许多犹太孩子都在那里读书。但我父亲的高中校长告诉布鲁克林学院的老师们："不要录取这个人，他会制造麻烦。"后来这位校长被起诉，最终定了罪。

我父亲跳了两级，所以很早就从高中毕业了。他后来确实没有被布鲁克林学院录取，而是去了威斯康星大学。他本科学的是经济学和统计学，后来又读了一个硕士学位，毕业后进入劳动统计局工作。我姑姑跟随着他的脚步也考入了威斯康星大学，多年后我姑姑的儿子也是如此。

在威斯康星大学就读时，我父亲最好的朋友是我的一个舅舅。因为距离纽约太远了，我父亲就去舅舅家庆祝那年11月的感恩节，正是在那里，他遇到了我母亲。当时母亲还是一名高中生，后来她也考入了威斯康星大学。我的父亲和母亲相爱了，然后结了婚。他们一起参加了许多活动，和许多有趣的人在一起，这些事我直到上大学才知道。直到现在，他们的这些过去都是一个有些敏感的话题。

有一次我放学回家，看到母亲在全神贯注地观看麦卡锡听证会，但在此之前，她几乎从来不看电视。许多受到指控的人，无论对错都被列入了黑名单，有些人则被起诉入狱，而仅仅是受到指控就足以让他们找不到任何工作。母亲很害怕，因为她的许多朋友都被列入了黑名单，正面临着被监禁的危险，那是个无论对美国历史还是对他们个人而言都十分可怕的时代。母亲的恐惧使我感到害怕，更令我害怕的是她什么也不说。当时我年纪太小了，从没问过她这些，或者说不知道该怎么问。但当我开始在密歇根大学以学生身份参与活动，想去匈牙利参加一次国际青年会议时，我的母亲还是警告了本来就没有钱去的我。她和我说不要去："联邦调查局有我们的档案，这很危险。"那时候还很年轻的我嘲笑了她的恐惧，但现在，成为一名母亲的我，完全理解了她的担忧。

生活并不是简单的

童年时期的我住在芝加哥北部边缘的一间公寓里，离密歇根湖只有一个街区。我热爱密歇根湖的湖岸，夏天我们就在湖边玩耍，冬天我们去探索沙子和冰形成的神奇洞穴。那时的世界对我来说是一个女性的世界，因为我身边是我的母亲、妹妹、姨妈、外祖母，还有母亲的朋友们，我们周围只有零星几位上了岁数、没去参战的男性。

突然有一天，一位年轻、高大又瘦削的英俊男人走进了我们的公寓，他穿着皮靴，身着整洁的卡其色制服，浓密的深色头发上顶着一顶贝雷帽，他就是我父亲。对我们来说，他完全就是个陌生人，但他在对我和妹妹的问候中充满了熟悉和快乐。更重要的是，他搬进了我们家，打破了家里的“女性联盟”，家里出现了第二个说了算的成年人。据说战争结束后，他花了好几个月时间才乘船抵达西雅图，然后坐火车到芝加哥。

我穿着他巨大的皮靴笨拙地走来走去，皮靴有我的腿那么长，所以我的膝盖无法弯曲。我入神地看着他刮胡子，只见他用刷子在木碗里搅动着肥皂，再在脸上均匀地涂满白色的泡沫，然后用刚磨快的剃刀把胡子整齐地刮掉。他会给我们唱军歌，墙上挂着 100 瓶啤酒，他每喝一瓶，就重复一遍相同的歌词。

我父母最好的朋友住在走廊对面的公寓里。他们的儿子比我大四个月，高大、强壮、能干、自信。我是个瘦小的孩子，在四五岁的时候就自然而然爱上了他。他的名字叫迈克尔，我们的父母给了我们充分的自由。迈克尔比我更有冒险精神，他会独自乘坐公交车和火车到芝加哥各地旅行，因此他了解整座城市。

我们最喜欢玩耍的地方就是街上的一片空地，那里正在建造一栋新公寓。那里有碎石、沙子和砖头堆起来的小山丘，我们发明了很多种玩法。一天，迈克尔站在一大堆石子上面，我站在下面。他拿着一块砖头，对我说："你站在原地，我要把砖头扔过你的头顶。"我面向前方，等着看砖头从我头顶飞过。但你能猜到它落在哪里了吗？我已经不记得疼痛了，我只记得温热的液体流过我的头和脸的感觉。我们跑回了家，可怜的迈克尔感到非常恐惧，他把自己锁在浴室里不肯出来，这是我从医院缝合伤口回来之后才知道的。我花了很长一段时间才让大人们相信，这根本不是恶意的行为，而是出于信任。

到我上学的时候，家里又多了两个孩子。印象中直到我上大学，女孩子都只穿裙子。每天，母亲都会给我两个镍币，每个五分钱，让我坐市区公交车往返学校。对年幼的我来说，把腿抬高到足够登上公交车是个挑战。我常常是公交车上唯一的孩子。

后来我才知道，如果我走路回家，路程大约只有1.5千米。而且我还可以在药店门口停下来，大孩子们会在那里喝可乐，这是20世纪50年代的标志性场景。我可以和他们待在一起，或者待在他们附近，用我的镍币买一瓶可乐，而家里人不会知道。我并不是真的喜欢可乐，也不是真的喜欢和可乐搭配着一起吃的炸薯条，但我喜欢自己像个大孩子，喜欢那种成熟孩子的感觉。再加上我很瘦小，就更会有这样的偏好。

这是我对偷偷做一件事情的最早记忆，我做了一些我认为不会被允许的事情。和许多家庭一样，我们在我小学一年级的暑假离开城市来到了郊区，因为城市里的公立学校不够好，私立学校不仅昂贵，而且竞争激烈，已经有很多孩子想要入学。而城郊的学校很好，这就是我们最终来到城郊的原因。

20 世纪 50 年代，一个模范家庭的标准就是有两三个举止得体、穿着整洁的孩子，一家人住在一座被草坪环绕的大房子里，草坪的边缘有花和白色的栅栏，他们还要养一条狗或者一只猫，而我们家两样都有。母亲会围着整洁的围裙，在家里愉快地做饭、打扫以及照顾孩子，父亲则穿着剪裁合身的西装和帽子上班。他回家时，母亲会换上时髦的连衣裙，梳着完美的发型，微笑着用一个端庄的亲吻欢迎他回家。他们工作日的规定事项会在周末被打破，周六要穿着朴素地做事，比如修剪草坪，周日就打扮得漂漂亮亮地去教堂和吃晚餐。相比之下，我们家的周日几乎就和模范家庭的标准周六一样。

表面上，但仅仅是在表面上，我们可能看上去跟这个标准差不多。我们试过按照这个标准生活，但是并没有成功。我们家一点儿也不宗教化，也不是非常传统，但是在我们住过的这两个街区里，有其他几户同化了的犹太家庭是我父母的朋友。实际上，他们也是我们的家庭朋友，因为孩子们之间也是朋友。他们都是很棒的人，他们互相照顾，而且照顾得很好。我上高中的时候，我们搬到了镇上其他地方，附近住着5个犹太家庭。各家轮流招待彼此，一起度过了许多充满着笑声的周日午后。大人们每个周四都会聚在一起，还轮流做东。下午5点左右，女人们会聚在一起聊天、喝饮料，男人们则会在6点左右到家，然后加入这个欢乐的聚会，他们称之为“枫树大道饮酒协会”。

晚餐时，我要坐在一本厚厚的芝加哥电话簿上才能够到桌子。我的座位对面是一整面墙的书，我能记住书架上每一本书的位置以及它们引人入胜的书名。我们都酷爱阅读，家里总会收到很多杂志和报纸，包括《大西洋月刊》《哈珀斯杂志》《时代周刊》《星期六评论》《评论》《纽约客》《新共和》《国家》，还有各种晨报和下午报。晚餐就像一场家庭聚会，我们一边吃着肉、土豆和沙拉，一边谈论着政治、文学和父亲的生意，有时是在家里边，有时是在学校。小时候的我们大多数时间都在听，长大一些后就开始参与其中，经常会有许多人同时开始说话。我们都变得擅长加快语速，也擅长同时追踪和参与多个话头，毫无疑问，我们是不礼貌的。

在我们刚搬到城郊的那个夏天，我学会了阅读。我外祖母在我 7 岁生日时送了我 11 本《绿野仙踪》读本，我在阳光房或者高大的紫丁香灌木丛中一本接一本地读着。后来我祖父给我寄了一本人类学儿童读物，每一章都描述了一种不同的文化，包括他们的信仰、实践，还有他们的起源故事。**每种文化都有不同的故事，不可能所有的故事都是真的，也没有一个故事是完全真实的。唯一真实的是人们需要这些故事，于是创作了它们。**这对当时 8 岁的我来说是如此明显，以至于我以为这对每个人来说都很明显。但当我发现事实并非如此的时候，我感到很困惑，直到今天我仍感到困惑。

冬天的时候，我会侧躺在扶手椅上读书，头枕在一只扶手上，腿搭在另一只扶手上。到了晚上，我和妹妹睡在同一个房间，她会比我先睡着。父母总想把灯关掉，但我坚持说除非开着门，走廊上有灯光，不然我就睡不着，这是我第二次偷偷做一件事情。等他们都下楼聊天或阅读时，我就把书对着光，躲在门后继续读书。

我父亲教会了我骑自行车，有一次，我在长长的人行道上一路骑到拐角，然后径直撞上了一棵大橡树。因为父亲并没有教我怎么拐弯，或者说我没搞清楚怎么拐弯。我想他更担心新自行车撞变形，而不是担心我，但好在我和自行车都没事。我会和其他孩子在街上玩夺旗游戏，或者在前院铺好的毯子上玩桌游，比如《大富翁》、《妙探寻凶》和拼字游戏。我们还在街区里建房子的工地上玩耍。冬天，我会穿过邻居的后院去公园里溜冰，结果在 9 岁那年，我在一周内就摔断了两次手臂。

家里的第 4 个孩子，也就是我的第 2 个弟弟降生后，我经常照顾他并且很享受这个过程。到了周末，在为弟弟妹妹们准备好早餐之后，我会组织他们玩过家家，给每个人分配合适的角色和职责。像以前一样，这样我们的父母就可以睡个懒觉。父母基本上不怎么管我们，唯一的规定是天黑之前必须回家。

我们会有事业，还会有家庭

我对心理学的爱好早已显现，当然，这是“后见之明”了。我想，人们对各种活动的早期爱好都可以视为“早已显现”。当我们从城市里那一排排拥挤的公寓楼搬到郊区里花园环绕的房子时，我即将年满 7 岁。父母允许我穿过我们的后院，然后穿过邻居的后院，再穿过街道，到大公园里玩，大公园就是有小径路标的那个公园。

第二天，我决定走一条远一点的路回家，于是我穿过街道，往右转走到拐角，再往左转到下一个拐角，然后再左转。我停了下来，我知道我应该在家附近的街道上。望着长长的街道，我看见一群小孩，但他们看起来不像是我们街区的孩子，当然，这是在我戴眼镜之前的想法。于是我沿着原路返回公园，穿过两个后院到街上。当我走到街上的时候看到了一群完全一样的小孩，我才意识到之前不相信自己的逻辑和空间推理能力，这事是多么愚蠢。

我还有一本关于人类学的启蒙书。在 7 年级的生物课上，11 岁的我学到了巴普洛夫的“狗的经典条件反射”实验。我找来我的自行车铃铛，每次喂狗的时候就摇铃铛，但我后来放弃了这个实验，因为我无法阻止它吃东西，也无法测量它的唾液。我还用 12 岁生日时得到的唱片机在熟睡的妹妹身旁放音乐，希望能在接下来的几天里听到她哼唱这首音乐。这个实验也没有成功，因为我们每天大部分时间都不在一起。这些对我这样的初出茅庐的研究者来说都是有用的教训：许多精心设计的实验都会失败。高中时期，我成了身边人的“心理医生”，帮助他们解决与家人或朋友相关的个人问题。

美国在20世纪50年代的氛围是稳定的，纷争已经结束。当然，也一定会有更多的人出现，填满世界的每个角落。但好在20世纪上半叶的动荡已经平息，世界安定。没有人谈论劳工运动、大萧条或者第二次世界大战，因为它们已经过去了，就像青春期过去了就不会再回来一样。

当时的人们在许多事情上达成了共识：车道上停两辆车，家庭里平均有两到三个孩子，接受大学教育，父亲工作，母亲照顾家庭；爱因斯坦是世界上最聪明的人，毕加索是最好的画家，莎士比亚是最好的作家，欧洲是最好的旅游目的地，牛排配土豆是最好的一餐。毫无疑问，20世纪50年代的美国如田园诗一般，但田园诗的外表下掩藏着很多东西。

那种田园生活对聪明且有才华的女性来说尤其不“田园”。我母亲很迷人，具有非凡的创造力，但她喜怒无常，情绪化且难以捉摸，放到现在，她的种种表现甚至可能会被称为双相情感障碍。说实话，当你还是个孩子的时候，你不会意识到自己的家庭有什么奇怪的地方，家人就是家人。有时我母亲是捉摸不透的，她把头埋在书里，思想却游荡在别处；有时她是温暖、机智、有洞察力、喜欢玩闹的；有时又因为一杯酒下肚，就变得滑稽古怪，甚至失去控制。但其他时候，她会生气，失控地生气。

她相信聪明人容易发疯。我们这条街上一名聪明的女孩子去了芝加哥大学，患上了神经衰弱，于是母亲警告我不要去那里上学。她和父亲一样鼓励我独立，但不支持我的学术追求和后来的职业抱负。他们希望我和弟弟妹妹们能过上 20 世纪 50 年代的田园生活：男人工作，女人照顾家庭。

我十几岁的时候，父母会经常举行聚会。主妇们喝了几杯酒后，会一个接一个地走进我的卧室，跟我倾诉她们的心声。她们这么做，自然是因为把我当作她们的心理医生。她们会和我说她们不满意的生活、不忠诚的丈夫和不懂得感恩的孩子。

当我离开家上大学之后，我母亲和她的许多朋友一样，开始了长年的精神分析。她成为僵化的公式化思维方式的忠实信徒，这一点让我感到惊讶，因为她一直是个怀疑主义者。现在我已经见到许多人在做同样的事情，她们像是抓住了能带人脱离困境的救生艇一般抓住了这种思维方式，那是让心灵得以平静的祷告。

但是她的治疗和信仰并没有使她免受双相情感障碍的困扰，反而给她和她周围人的生活增添了混乱。她曾几次试图自杀，而作为她的孩子，即使在我们长大成人之后，她的自杀企图也一直对我们保密。最终，在我成为两个孩子的母亲，住在以色列的时候，她成功了。

接受亲人的自杀对于悼念者来说有三方面的艰难。他们在哀悼逝者的同时，会为没能预见和防止，甚至有可能导致了这场自杀而感到内疚，最后又会对那个离开自己、伤害自己、不关心自己的人感到愤怒。各种矛盾的情感相互冲突，但谁能说生活是简单的？谁又能说所有解释都只是线性的呢？

我父亲一直认为他的角色是支持家庭，母亲的角色则是负责抚养我们，他后来为这样明确的角色分工而感到后悔，尤其对我感到愧疚。父亲是一位正直、诚实且能给人安全感的榜样，我的舅舅们也是。他们曾经是我的后盾，但他们一个接一个地离开，留下我一个人，让我不得不成为我孩子们的后盾，尽管当时我觉得自己还没有强大到这个地步。

我父亲曾经坚持让我和妹妹学习打字，目的是让我们在结婚之前必须通过工作养活自己，于是我们花了一个暑假学习如何成为一名好秘书，学习打字和出具正式信函的格式。我的弟弟们则在父亲的公司工作，学习编码。但他们都更希望我拥有自己的婚姻和家庭。他们坚信，孩子出生之后继续工作会对孩子造成伤害。多年之后，当我问我的孩子们，我是不是应该和他们一起待在家里时，他们震惊地看着我说，那样的话你只会烦我们。但是，我还是会感到愧疚。

我高中时有两位亲密的女性朋友，其中一位已经失去了联系，另一位住在旧金山，后者是一位成功的摄影师和作家，是母亲，现在也是祖母。我们在上大学之前都曾为自己写了预言，不久之前我们找到了它们。我们的预言是：**“我们不会终老在这个郊区，我们会有事业，还会有家庭。”**我们虽然无法预测自己会从事什么样的职业，但不会只做家庭主妇。这在当时是很激进的想法，我们最终也为彼此印证了这一点，这个预言在我们身上都得以实现。

当我被问到“你的榜样是谁”时，我一点儿也不觉得奇怪，尤其我还是个女人。女人需要英雄，所以人们真正问的是“你的英雄是谁”。但我不认为我需要成功的女人作为榜样或者英雄，我需要的只是成功的人。我某些灵感的推动力是阅读。高中时期，我读了辛克莱·刘易斯（Sinclair Lewis）的《微生物猎人》（*Microbe Hunters*），这本书讲述了一个关于科学发现的激动人心的故事，通过看似乏味的系统实验，研究人员在无数次成功和失败之后，终于找到了生命之谜的线索。

另一个推动力是我的老师们。比如，我的高中生物老师建议我研究果蝇。我喜欢这项研究，喜欢照顾果蝇，清点并记录它们的外部特征，特别是它们眼睛的颜色。正如孟德尔[①]所揭示的那样，大部分果蝇的眼睛是红色的，白色眼睛的只占四分之一。经过好几周对果蝇的照顾和统计，我发现了一种突变，有一只果蝇的一只眼睛是白色的，边缘有锯齿状的红色；另一只眼睛则是红色的，边缘有锯齿状的白色。我到现在仍然记得那双眼睛。我把这个发现带到了由芝加哥科学与工业博物馆举办的科学展览会上。一位正在攻读数学博士学位的几何老师鼓励我学习数学，他给了我一些富有挑战性的数学题，希望我通过解题，在数学上有所进步。

两位社会科学老师也很懂得鼓舞人心。在我高中毕业前，她们邀请我和我最好的朋友去她们家里做客，警告我们女人不能同时拥有婚姻和事业，只能二选其一，而她们选择

① 格雷戈尔·J. 孟德尔（Gregor J. Mendel），奥地利生物学家，被誉为“现代遗传学之父”。他通过豌豆实验揭示了遗传学的两个基本定律：分离定律和自由组合定律。果蝇的眼睛呈现不同颜色就是基因分离的表现。——编者注

了事业，放弃了婚姻。除了一位女老师，其他女老师也都不约而同地选择了事业。那是一位热爱文学的老师，她对文学的热爱极具感染力。她结了婚，但是没有孩子。她在课堂上对我们平等相待，不论我们对课程是否有贡献。我毕业那年她退休了，她从自己珍藏的图书中为我们每个人精心挑选了一本，并为每个人写了题词。她把她最喜爱的纪伯伦的诗歌送给了我。

但是我的物理老师对班上有个女孩子这件事明显感到不适。我能感受到他强烈的不适感，于是我离开了他的课堂。一位据说需要靠早上送报纸来维持生计的历史老师鼓励我阅读原始资料。为了准备一篇论文，我坐火车到美国芝加哥公共图书馆阅读美国政治家埃德蒙·伯克（Edmund Burke）的信件。就像我在生物学研究和几何课上感受到的那样，**我觉得自己像一名学者，凭借坚持不懈的努力，最终可能会有所发现并解开谜题。**

早些时候，我加入了戏剧社团，社团里的许多人都是女孩，或者应该说是女人。她们比我年长得多，世故得令人畏惧，操着一口蹩脚的英语讲台词，穿着大胆，还抽烟。我在校园剧中获得了角色，还和一群朋友写了一部类似于早期说唱的、半押韵的喜剧，我们表演了这部剧并觉得它很搞笑。我的戏剧之梦结束于我在当地一家戏剧公司做学徒。我的确得到了一个角色，另一名学徒则得到了更好的角色。但当我看到她为了获得那个角色付出了什么代价时，我就对戏剧失去了兴趣。

到了高中的最后一年，我结交了一群很棒的朋友，男性和女性都有，我们喜欢在一起学习的感觉。我母亲有很多艺术书，我们每人挑选了一本艺术家的图书，并开办了一场研讨会。我们还准备了自认为优雅又美味的晚餐，一边吃一边讨论艺术家，就像我们读到过的沙龙一样。我们感到非常满足，所有元素都在这了：**探索和实验的乐趣，追逐谜题和解决谜题的快乐，还有鼓舞人心的导师和同侪。**而独自一人的时候，我画画、写诗，或者写短篇小说。

A Brief History of Me and My Career

第 2 章

我要研究更普遍的东西：心智

大二时，我偶然选了一门心理学课程，很快就被心理学迷住了，我觉得研究心智比研究身体更令人兴奋。心理学家对说明性现象有敏锐的眼光，他们要思考如何展示这些现象、如何解释它们，以及如何测试其他可能存在的解释，这些也是心理学的乐趣所在。

我选择了进入大学继续深造。我高中成绩不错，标准化考试也考得很好，还参加了很多课外活动。而所有这些都是源于热情，不是为了完成任务。我们高中这一年级将近 500 人，也许这个想法有点傲慢，但我已经长大了，我确实需要一所有研究生院的规模更大的大学。最终我去了密歇根大学，这是一所直到现在都十分优秀的大学。

对于不住在密歇根州的学生来说，进入密歇根大学的竞争非常激烈。实际上，密歇根大学并不是我的第一选择，因为我上大学前面临着许多限制。当时我父亲开始了一门新生意，这是一个大胆的举动，而且还缺乏现金。他不再经营过去的生意，因为他之前的合伙人在父亲不知情的情况下做了违法的事情。我母亲不得不重新开始工作，我们必须节俭度日。我冬天的外套已经小了，袖子已经盖不住我的手腕了，但我不能买新的，因为我后面还有三个弟弟妹妹要上大学。

当时，大多数昂贵的精英私立大学都是男女分校，但我不想去女校。我父亲坚持让我申请拉德克利夫学院，因为那是当时最好的女子学院，但他说他可能没钱送我去那里读书。拉德克利夫学院虽然比哈佛大学小很多，但他们有联合课程。

拉德克利夫学院派人来面试过我。面试官先是穿过我家的房子，一边走一边打量，毫无疑问是为了评估我们的经济条件，而我们显然没有过关。面试官问我的第一个问题是："你去过多少次欧洲？" 这是另一种评估经济条件的标准。我被这个问题吓到了，直接脱口而出："我没去过欧洲。"拉德克利夫学院只有一个犹太配额制度，已经录取了一个芝加哥郊区的犹太女孩，所以，录取第二个是不可能的。他们把这件事告诉了我的高中辅导员，然后辅导员又告诉了我。类似的事情在康奈尔大学也发生过，这所学校同样是男女合校，同样有犹太配额制度。

密歇根大学有一所荣誉学院，我没申请就被录取了，整个学习过程是由特别优秀的教授小班授课。这所学院和所有精英私立学校一样竞争激烈，但是它并不在乎你是否去过欧洲，你的宗教信仰是什么，以及你的经济条件如何。荣誉学院的其他大部分学生也并不富裕，他们来自底特律或者密歇根州之外的城市，比如纽约、克利夫兰或芝加哥等。这些学生热衷于学习和探索世界，他们渴望留下印记，他们自信且有着不同寻常的背景。这么优秀的学院，这么丰富多彩的课程，这么多可以探索的领域，让我感到自由又兴奋。一学期之后，我就再也不想离开大学了，我认为大学就是我的家。

进入大学的最初几天令人筋疲力尽，日子仿佛漫长得没有尽头，因为每天都要参加标准化考试，而且显而易见，很多都跟学习没有什么关系。有一次我去见了我的导师，他是一位社会学家，他对我说：“你当然要学数学。”很显然，我的数学测试成绩还不错，但我此前从来没有考虑过学数学。

当时的我对写作很感兴趣，所以我疑惑地看着他。后来，我的确尝试学习了几门数学课，像以前一样，我是班里唯一的女性，这让我的同学和老师都感到不舒服，因为我打破了男性与跑车和火箭的紧密联结，这并不有趣。我后来从我丈夫那里学到了一些数学知识，但仍后悔没有多学一些。

大一时，我上了一门荣誉写作课。我的老师是一个不负责任、傲慢、目空一切且居高临下的人，而且还厌恶女性，但不得不承认他有洞察力。他对我写的一首诗提出了批评。现在回想起来，那是他的工作，他提出批评是为了我能够改进。也许他是用专业标准来评判我，把我当作一个初出茅庐的专业人士对待，在帮我为即将要面对的残酷世界做准备。毫无疑问，我对他的批评反应过度了。我本可以，或者说我本应该把它看作一个改进的方向。但我仍对他的批评耿耿于怀，因为这让我感到沮丧，所以后来我停止了写作，这是我欠缺的地方。

许多年后，我已经是一名有经验的教师了，我便告诉我的学生：我把自己视为一名教练，你和我共同努力会让你变得更好，我提出的任何建议或者批评都不是对你的评判，而是为了帮助你进步。

像心理学家一样思考

大二时，我偶然选了一门心理学课程。之前我上过一门生动的生物课，那位年轻的老师当时已经在进行开创性研究了。他敦促我继续学习生物学，但我很快就被心理学迷住了，我觉得研究心智比研究身体更令人兴奋。这门小小的心理学课是基于生物学和脑科学的，所以它满足了我第二门自然科学课程的要求。导师邀请我在大二暑假留在密歇根大学帮忙。我大一的暑假在芝加哥一家大型百科全书公司拆信封和分类信件，那是一份既孤独又压抑的工作，但我更不想做的事情就是回家。

我们的研究内容关于人与老鼠的记忆和情绪。那年夏天，我用老鼠做了很多实验。“老鼠实验室”就在走廊对面，我会把老鼠放进实验室一个划分出 6 个格子的箱子里，然后让它们在迷宫般的箱子里跑。我发现，如果让老鼠先爬上我的左臂，横穿过我的前胸，再沿着右臂爬到右手，就可以恰好赶上把另一只老鼠放进迷宫的时间点，这样实验就可以做得很快。每只老鼠做完实验后，我就会把它重新放回箱子里。这个方法非常有效，直到有一只老鼠咬了我的下嘴唇，所以我去打了针破伤风，再回来继续工作。

实验室那条走廊的尽头是个卖咖啡和各种面包卷的地方，于是我就和研究生们一起在那里闲聊，我了解了他们的工作，成为他们的一员，和他们一起谈论心智。他们深深地吸引了我。于是我选修了更多的心理学课程，并得到了更多的工作机会。有一段时间，我同时在 3 个实验室工作，其中一个离我有 3 000 米远。那是个冬天，我走路去实验室，路上的积雪没过我的膝盖，狂风呼啸。一想到我在那个实验室负责的是画图，而不是做研究，我的双脚停了下来，最终离开了那份工作。

我必须申报一个专业。当时我已经被心理学、历史和哲学专业的荣誉计划录取，尽管我受到了那位才华横溢的生物学老师的鼓励，但我没有申请生物学。所有学科都拥有极具启发性且善于鼓励学生的老师。我喜欢历史，但它似乎太具象于地点、时间和人物，我想研究更普遍的东西，比如说心智；我喜欢哲学，但它总是让我陷入两难的境地。哲学专业负责荣誉计划的老师很喜欢我，我也很喜欢他，在他的课上表现得很好。他跟我说："芭芭拉，我可以录取你进哲学专业，但我必须告诉你，你的思维方式不像哲学家。"他说得对，而且我也知道这一点，直到现在我还会把这个故事讲给我的学生听。心理学家和哲学家的思维方式是不同的，所有学科都是如此，都有相对应的思维方式。心理学家对说明性现象有敏锐的眼光，他们要思考如何展示这些现象、如何解释它们，以及如何测试其他可能存在的解释，这些也是心理学的乐趣所在。

心理学是以生物学和脑科学为基础的实证研究，即使在本科阶段，你也可以进行原创性研究。当时行为主义已经过时，认知心理学开始兴起，心智的黑箱已经打开，思考、记忆、判断、情感得以接受客观的、实证性的研究。你可以由外而内地探索心智，只需要发明创造性的观察方式，很多人涌向了这个领域。有人告诉我，我可以做自己的原创性研究，而我那时只有 18 岁。

荣誉计划包括一个研究项目和一个两年的研讨会。在研讨会上，你会和一小批学生一起上课，他们大多数人都决定走心理学的职业道路，是一群优秀的同龄人。我的研究项目脱胎于我暑期关于情绪唤醒和记忆之间关系的研究。我得到了不错的记忆具备效应，但与情绪唤醒之间不具有相关性。我本应该发表这项研究的，但又觉得它并不具备发表的条件。直到很多年后我才看清，不发表本应发表的研究成果也是我的一个缺点，但那时我很难对抗这个缺点。

当时负责荣誉计划的老师是一位在心理学的弱势领域拥有卓越成就的女性，她不能容忍别人对她所说的内容进行讨论或质疑，而我却向她提出了挑战。她因此拒绝授予我相应的荣誉学位，实际上并不是因为我做的研究不够好。我的导师们对此提出了抗议，但她胜利了。或许可以说，她并不是一个榜样。与此同时，我被密歇根大学研究生院录取了，这是我申请的唯一一所研究生院，尽管当时一位斯坦福大学的访问教授曾经试图说服我去斯坦福大学。

闪闪发光的大学生活

密歇根大学远远不只有心理学，这里有太多可以经历和学习的东西了。教育和生活中的一次次跳跃，就像烟花中次第绽放的闪闪发光的色彩。我大一时的辅导员是一位英语专业的研究生。我们会长时间地讨论文学、职业和生活，常常聊到深夜。偶然间，我遇到了两位朋友，他们都是来自英国的法学研究生，活泼、有趣、老练。他们有车，会带我一起远足，给我讲有趣的故事，告诉我有关法律或英国的知识。这种快乐结束于他们其中一位爱上了我，并且表示想带我回英国。我的生活才刚刚开始，远远没有做好安定下来的准备，“安定下来”的想法让我感到害怕。

像许多人一样，我经常在巨大的学生活动大楼学习，外加聊天，那像是我的社区。一群聪明的数学系研究生接纳了我。有一天，鲍勃·迪伦走了进来，大家把我介绍给他认识。这位迷人的故事讲述者后来成了著名的小说家，他当时就坐在我旁边，给我讲述他的人生故事。我还通过担任音乐会引导员得到了音乐的熏陶，利用学生票获得了关于戏剧的教育。

◎芭芭拉·特沃斯基

◎与丈夫阿莫斯·特沃斯基的合影

◎家族大合照

◎和孩子们在一起

◎在北京大学校史馆

◎与执行委员会在一起

◎在学术活动现场

◎与学生们聚餐

◎在清华大学

◎在清华大学百年会堂

◎在北京国家大剧院

◎在杭州西湖

◎在杭州佛像前

◎在上海

◎在西安

艺术也是大学生活的一部分。大学最后一年，我在艺术学院上了一门素描课，这门课很有挑战性，因为它是为艺术专业的学生开设的，但是老师出乎意料地喜欢我的作品。我爱这门课，非常着迷，甚至无法停止画画。下课之后，我一遍又一遍地画着我在课上画过的画，甚至在心理学课上也在画画，我意识到我必须在心理学和艺术之间做出选择。当时我已经需要负担自己的生活了，心理学研究生院为我提供了维持生活的津贴，但艺术研究生院没有。我想即使我可以去艺术学院，可能也需要几年的时间才能靠艺术谋生。学艺术感觉像是一种自我放纵，现在想想也许我只是缺乏勇气。

当时，给女性的其他选择并不吸引人。我的朋友有的去纽约做起了秘书工作，有的获得了教学证书，但很少有人在学术领域读研究生。我认识的女性没有一人进入法律、商业或者医学领域。现在，女性的机会大大增多了，这对女性而言肯定是一种进步，对社会而言更是。

大学三年级，我申请入住了一间由贵格会运营的合作宿舍。独立教派贵格会致力于世界和平，周日早上的聚会没有任何仪式。他们只是静坐着，直到有人有个想法想要分享，接着又是沉默，直到出现另一个值得分享的想法。参加聚会不是必须的，但为大楼工作是必须的。合作宿舍的居民中有16名女性，一半本科生，一半研究生。另外还有16名男性，他们全都是研究生，付费和我们一起吃饭。我们是一个活泼的团体，由女性负责做饭或者打扫卫生，我选择了做饭。每周三，我会获得一张食谱和相应的食材，用两个半小时为36人做晚餐，因为还加上了房东和他们的孩子。

楼里的大多数女研究生来自亚洲。许多个夜晚，晚上11点左右，她们中的一人会用剩菜和米饭准备一些美味的食物，我们会在厨房里一起吃零食，分享故事。其中一位来自巴基斯坦的舞蹈家长得极其美丽，马龙·白兰度在她的巡演中爱上了她，每天都给她打电话、送玫瑰。整个宿舍只有一部电话，每当它在5点钟响起的时候，我们都争先恐后地去接电话，因为那是独属于马龙·白兰度的时段。有一次我接到了，当听到他那宛如从电影中走出来的令人无法忘怀的声音时，我心花怒放。另一位女研究生来自印度，她后来成为一位有影响力的政治人物。

我的室友来自日本，她成了我一生的朋友。不寻常的是，我的这位室友出生在摩洛哥，童年时住在巴基斯坦。她父亲来自一个显赫的家族，在一家大型贸易公司工作。当她还是一名小学生时，她因学校里一尊巨大佛像的美丽而大受震撼，从而开启了自己一生的事业。之前她在世界各地的联合国机构工作，特别是在艺术领域。当时她正带着奖学金来到密歇根大学研究生院攻读艺术史。在联合国工作时，她遇到了一位来自阿富汗的杰出文化人类学家，这位文化人类学家曾一度担任某所著名博物馆的负责人。几年之后，她毕业了，他们在阿富汗结婚并且生了两个孩子。

佛教艺术在 5 世纪的阿富汗格外兴盛，她开始发表相关文章。后来，她给我看了一张可爱的照片，上面是后来被摧毁的巨大佛像，她的孩子们正在佛像前玩耍。1979 年暴发了战争，他们年轻的儿子面临着被征召入伍的危险，于是她带着孩子们回到了日本，那是一次充满危险的行动。但她的丈夫没能离开，之后他们夫妻就再也没有见过面了。

她回到了自己原本舒适的家，就在东京郊外的古老城镇里，城镇的山坡上点缀着佛教寺庙。她成为上智大学一位颇受欢迎的老师，还经常去巴基斯坦做研究。她也经常受邀做演讲，并且会在我在斯坦福的家中停留。到了晚上，她会给我看她行李箱里塞得满满当当的演讲材料。同时，我也收到了许多去日本的邀请，于是我们得以继续我们的友谊，见对方的孩子，跟进彼此的生活和事业。即使我们都成了上了年纪的寡妇和祖母，也还是在一起喋喋不休地讨论一切。当她在日本的博物馆里向我介绍某一件艺术品的时候，周围的人都会安静下来仔细听。许多人称她为“先生”，那一般是对受人敬重的老师的尊称。

回溯我 20 世纪 60 年代的大学生活，当时民权运动和越南战争的动荡围绕着我们学生，校园也深陷其中。我有段时间为《斯坦福日报》工作，当时的编辑是汤姆·海登（Tom Hayden），后来他以社会活动家和简·方达（Jane Fonda）丈夫的身份而闻名。我受邀参加了一个由一位年轻且有魅力的心理学教授组织的政治讨论小组，在这个小组里我们产生了组建和平队（Peace Corps）的想法。我们收集了支持组建和平队的签名，由我和另外两人把这些签名带去附近的机场交给约翰·肯尼迪，当时他正在竞选总统。最终肯尼迪把我们的想法变成了现实，这多么激动人心啊！

一个与我的家庭密切相关的事实是：在此之后不到 5 年，我们把我妹妹送去了秘鲁的和平队。民主社会学生组织的创始人经常待在学生活动大楼，但我不喜欢大规模抗议、静坐和示威，我更喜欢学习和讨论。抗议看起来似乎是一种无效的挑衅行为，而讨论却可以产生好的想法并给予集体能量，这背后也有心理学原理。行为学家斯金纳也观察到，惩罚虽然可能制止不良行为，但它并不能提供任何替代方案。关于越南战争，我没有参与抗议，而是参与组织了第一个通宵开放的、以结果为导向的、有专家参与的宣讲式研讨会。这两种方式至今仍然流行，但抗议似乎变得更强大。因为有时候更危险，也意味着会更有效。实际上，这两者应该都是必要的。

大学最后一年，我选修了一门心理学中令人兴奋的新课程——数学心理学。这门课对我的人生至关重要，尽管我当时并不知晓，以为它只是一门课程而已。数学心理学的研究者自视为心理学的未来领导者，其他领域的人也是这么认为的，所以数学心理学摆出了风靡整个心理学领域的架势。数学心理学的理念是建立既能像数学一样进行定量分析，又可以进行经验检验的行为模型，就像物理学那样。数学心理学取得了一些成功，虽然在当时没有风靡整个领域，但它已经以不同形式征服了心理学的大部分领域，比如贝叶斯算法、神经网络、模拟、建模等。

教授这门课的老师是来自斯坦福大学的访问学者理查德·阿特金森（Richard Atkinson），他后来成为美国国家科学基金会会长和加州大学校长。选修这门课的学生之中还包括阿莫斯，他后来成为数学心理学领域的佼佼者，也成了我的丈夫。

前半部分，也就是他成为佼佼者的部分是可以预期的，阿莫斯很快就被视为一名才华横溢、富有远见的研究生。后半部分则是无法预期的，阿莫斯显然当时就注意到了我，虽然我完全没有意识到，而这好像很符合我的个性。这门课对没有发生的事情也具有关键性意义：尽管阿特金森试图说服我，但我还是没有去斯坦福大学读研究生。如果当时我接受了邀请，又会发生什么呢？命运的另一个意外转折是，许多年后，在阿特金森离开斯坦福大学之后，我成了斯坦福大学的教师，而阿莫斯则“继承”了他的办公室。

A Brief History of Me and My Career

第 3 章

这是一条冒险之路，没有人与我同路

我以一个反对者的身份开始了我的职业生涯，我研究的方向是视觉－空间认知。这是一条冒险之路，没有人跟我同路，这意味着没有现成的研究方法，也没有地图可以遵循。我一边探索，一边建立起这一切。这趟旅程带我见识到了许多迷人又相关的其他现象。你会注意到我从早期的单一视觉研究转向了视觉－空间认知研究。

学生时代结交的朋友

我刚刚开始读研究生的时候，做了很多尝试。第一年，我和一位研究选择与判断的年轻老师罗宾·道斯（Robyn Dawes）共同工作。他当时的一个研究项目是关于如何简化决策的，他把这项研究称作“在二进制的世界中进行一点思考”。我做了一个验证实验，但总觉得获取的数据无法得出任何结论。道斯却不这么想，他敦促我继续进行实验和数据分析。无论如何，这项研究就已经结束了。

当时的我收到了与另一位年轻教授一起工作的邀请，他是一位野心勃勃的研究者，他的受聘旨在将纽厄尔[①]和西蒙[②]的计算建模研究带到密歇根大学。不过他的研究更多是虚张声势，并非实质性工作。不久之后，我受邀到人类行为研究中心工作，我会在下文详细介绍。

与此同时，我一直在上课。很多课程都给我留下了深刻的印象，其中一门课是戴夫 · 麦克尼尔（Dave McNeill）讲授的。他也是一位年轻的教授，为密歇根大学请来了一位备受推崇的语言学家诺姆 · 乔姆斯基（Noam Chomsky）。乔姆斯基和麦克尼尔当时的研究重点都是语法。我一直对语言感到好奇，虽然我对语义比对语法更感兴趣。麦克尼尔没有在密歇根大学待很长时间，很快就离开去往芝加哥大学了。后来他改变了自己的研究重点，提出了手势的研究方法，揭示

---

① 艾伦 · 纽厄尔（Allen Newell），美国计算机科学和认知信息学领域的科学家，人工智能领域的先驱之一，计算机科学和心理学跨学科研究的奠基人之一。1975 年，他和赫伯特 · A. 西蒙（Herbert A. Simon）一起因对人工智能和人类认知心理学的基础贡献而获得图灵奖。——编者注

② 赫伯特 · A. 西蒙，美国计算机科学家、经济学家和认知心理学家，人工智能和决策理论领域的先驱之一，曾获得过图灵奖、诺贝尔经济学奖等多项荣誉。——编者注

了令人着迷的语言现象。我在更晚一些的时候才加入研究手势的队伍中，当然，语义是研究手势的视角，我发现手势和图表作为交流的两种方式，有着异曲同工的妙处。

社会心理学家鲍勃·扎荣茨（Bob Zajonc）开设的社会心理学课以认知为导向，他的课堂充满了具有创造力的惊喜。海德[1]当时也在，他的研究内容引起了人们对行为的各种影响因素以及对因果解释的研究方法的注意。海德制作了很多可爱的抽象视频，比如爱欺负人的方块追逐着小三角形，小三角形嘲弄着大正方形。但事实证明，刻意的因果解释，比如欺负和嘲弄，并不会立即浮现在脑海中。

多年之后，我和布里奇特·马丁·哈德（Bridgette Martin Hard）重新制作了这些视频，将其用于研究人们对事件的理解。我们发现，人们第一次观看这些视频的时候只会简单地描述这些图形的运动，他们对图形之间的因果关系和意图的理解只有在多次观看之后才会出现。

① 弗里茨·海德（Fritz Heider），美国社会心理学家，社会心理学归因理论的奠基人。——编者注

扎荣茨对平衡理论进行了研究：当你喜欢的两个人在核心问题上意见不一致时，会发生什么？他发现老鼠更喜欢莫扎特的音乐而不是奇怪的和声。此外，感觉是最先出现的。当人们反复观看无意义的数字时，他们会更喜欢熟悉的数字，但完全意识不到自己之前看过它们。这些想法很有意思，我一直对它们念念不忘，但我上那门课时已经在另一个实验室工作，并且即将暂停研究生学业搬往以色列。如果我当时转向研究社会心理学，又会发生什么呢？

早些时候，我上了一门关于人类记忆的课程。记忆一直是我非常关注的话题，它是我们身份的核心。在我看来，这门课的老师阿瑟·梅尔顿（Author Melton）比任何人都了解这个领域，课程设计得比任何人都好。但是，他的授课远远达不到“比任何人都好”的水平。为了确保我没有错过任何东西，我做了详细的笔记。那时我写的字看着还很清楚，不像现在，长年打字和使用鼠标对我的双手造成了损伤。这些笔记宛如一本高级记忆教科书，在之后的许多年中对我的研究和教学工作起了很大作用。我的笔记还帮助了其他人，因为我把笔记借给了他们。梅尔顿邀请我加入他领衔的人类行为研究中心，这个研究中心的许多学生后来都成为记忆和表现领域的佼佼者。

和许多人一样，在第二次世界大战期间，梅尔顿在美国军队中磨炼了技能。他的工作是将有关人类能力的知识应用到武装部队的实际工作中，这些实际工作又反过来指导实验室研究和理论研究。这个由技能、工具和应用组成的三角形对我和许多人都有所助益。每个角彼此限制，又彼此推动，从对现实任务的分析和想象中得到细致入微的洞察力和直觉，这推动了心理学很多领域的研究和理论发展，让我们在现实世界里脚踏实地。现在，脑科学与计算机科学相结合的研究正风靡心理学，我始终担心工具本身将主导心理学研究，而不是真实生活中的活动。我不是唯一一个有这种担心的人。

人类行为研究中心坐落在一座坚固的砖砌建筑中，那里曾经是一所小学。走廊上摆满了小隔间，里面曾经装着学生们的书包和运动鞋，现在则装满了重印本、预印本和技术报告。这些对我们实验室来说是巨大的资源，因为当时很难获得期刊和核心论文的副本，你需要在图书馆里花上好几小时查阅搜索。我曾经带着很多核心论文的重印本往来于世界各地，现在这些资料在我的办公室里安了家，因为我们共享办公室和实验设施，这使咨询和交流变得容易。

此外，还有友谊，我们还收获了终身的情谊。我们在一次次会议和访问中，在从一个职位换到另一个职位的过程中一次又一次地相遇。

我从比我早入学的学生那里获得教育、反馈、指导和智慧。被誉为神经科学奠基者之一的迈克·波斯纳（Mike Posner）在注意力和信息处理领域进行了开创性研究，后来又将脑科学研究引入了这两个领域。波斯纳的工作表明，视觉信息很快就会被语言信息所取代。这一结果给我的博士论文带来了灵感，但我得出了相反的结论：视觉信息可以在简单、直接的自然条件下长期保存，而且可以取代语言信息。从一开始我就持不同意见，但我不是为了持不同意见而故意这么做；相反，我是为了展示我觉得重要的现象。不过，我后来到访位于尤金的俄勒冈大学时，波斯纳依然热情地接待了我。

埃德·史密斯（Ed Smith）在信息处理、记忆、分类和大脑等研究领域都取得了具有影响力的成果。史密斯和我后来在斯坦福大学成为同事，更晚一些在哥伦比亚大学成为同事。在他不幸去世之前，他正在研究安慰剂如何影响大脑，那是一项很有洞察力的工作。

厄文·比德曼（Irv Biederman）富有见地的工作则揭示了感知和认知在我们理解视觉世界过程中的相互作用。后来，我们在斯坦福大学和耶路撒冷有过几次短暂的重逢，而且总能在心理协会的会议上抽出时间一起吃顿饭。

有一年，丹尼尔·卡尼曼来到密歇根大学做博士后。他和阿莫斯与我的友谊也开始于那一年，虽然阿莫斯很快就离开密歇根大学去哈佛大学做博士后了。丹尼尔的办公室就在我的对面，当他需要预实验被试的时候，他就会叫上我。他让我把咬合器放在嘴里，把头靠在一个金属条上，在他测量我瞳孔大小的同时，我需要记忆字母或者数字，理论上讲我的瞳孔大小会随着我看到的数字或字母数量的增加而减小。后来成为我的朋友、同事和同学的名单太长了，我无法一一列举。我总是告诉我的学生们，**学生时代所结交的友谊会成为人生道路上的重要支撑。**

阿莫斯·特沃斯基的故事

阿莫斯当时正在读研究生三年级，他一如往常，在学习的道路上迅速前进，马上就要毕业了。阿莫斯出生于以色列，当时的以色列还属于英国的托管地，尚未成为一个独立的国家。他母亲是一名积极分子，曾经做过社工，从议会成立到她去世这段时间一直是议会的成员，很可惜我从没见过她。

阿莫斯的父亲被称为以色列的第一位兽医，负责照顾耶路撒冷附近集体农场的奶牛。他是有爱心并且很可爱的人，当然也经历过黑暗的时刻。他说自己从给人当医生转行给牛当医生是因为牛从不抱怨。当第一次中东战争发生后，他们全家就搬到了海法。阿莫斯的父亲便在大型药品公司 Teva 从事研究工作。搬家对阿莫斯来说是个令人心碎的决定，因为在他看来，耶路撒冷是智慧之城，海法是工人之城。

阿莫斯可以说是自己养大了自己。他母亲在第二次世界大战结束时，为了帮助美国解放集中营而离家一年多。作为一位会讲包括俄语、波兰语、意第绪语和德语在内等多种语言的社工，她是这项艰巨任务的理想人选，人们需要她和经历了难以想象的创伤的少数幸存者交流。

阿莫斯的父亲在波兰一个富足的家庭长大，母亲则在今天的乌克兰长大。有一次，阿莫斯的父亲在他母亲所在的城镇执行任务，两人相遇。他们在当时的巴勒斯坦定居，在定居地的归属权发生变化之后搬到了欧洲。他们前往柏林学习，在纳粹掌控德国之前回到以色列。他们的大部分家人都及时搬到了以色列，只有阿莫斯的一位据说才华横溢的姑妈留在华沙并在那过世，没人知道她确切的死因。

阿莫斯像他母亲一样，从小就很热衷社会工作。他会在工人政党所属的集体农场过暑假，会在晚上花很长时间讨论社会的最佳形式。高中毕业后，他作为伞兵加入了以色列精英部队，很快成了一名军官。那时，参军，尤其是加入精英部队，是响应爱国主义的召唤，吸引着最优秀的青年们。国家还摇摇欲坠，并且正在遭受其他国家的暴力侵犯。作为一名军人，他参与执行了许多危险的秘密任务，阻止了侵犯行为的发生。他还因为先进的战术和英勇的行为获得了勋章。有一次，他部下的一名士兵点燃了一枚手榴弹以炸开铁丝网。这名士兵本应马上撤退，却突然僵在原地。要知道，如果不撤退，必死无疑。在那一瞬间，阿莫斯冲到他身边，把他拖到了安全地带，用自己的身体掩护他。与此同时，将军们大喊着让阿莫斯回去。

阿莫斯幸免于难，但是余生都要带着胸口的弹片生活。这枚弹片对身体没有什么伤害，却有可能会触发金属探测器。这些对以色列的破坏性侵犯是阿莫斯参加了之后更多战争的原因之一。他失去了很多朋友，但幸运的是，不久之后他开始在希伯来大学学习心理学和哲学。

他和他的同学们是希伯来大学第一届心理学专业的学生。1948 年，也就是第一次中东战争期间，希伯来大学斯库珀斯山校区通信被切断，并被阿拉伯军队包围。以色列军队开辟出了一条小路，可以让公共汽车通过，把学生和教职工带到学校学习。有一天，搭载着整个心理学系师生的汽车遭到了伏击，车上所有人被强行拖出并惨遭杀害。后来，希伯来大学搬到了耶路撒冷西部安全区内的临时总部，一直到新校区建成都在这里。武装部队则继续占领着斯库珀斯山校区，直到 1967 年它周围的区域被夺回。几年后，一个更大的校区建成，心理学连同其他社会学科以及人文学科一起搬到了那里。

几十年后，希伯来大学的第一届心理学学生创造了非凡的成绩。有些人继续着他们的学业，也有些人像阿莫斯一样去了美国。许多人都拥有杰出的学术生涯。这也许是因为他们不论男女都在军队服役了几年，他们知道自己落后于其他国家的同龄人，所以着急证明自己；也许是因为国家曾被敌人包围，你能离开的方式只有走海路或者坐飞机，重点是你要把握时机；也许是因为以色列曾经是一个贫穷且在战火中挣扎的国家，所以整个国家都在抓紧时间了解和赶超世界的其他地方——以色列当时的学习方式是迅速学习别人做过的事情，然后迅速找到一种更好的方式；也许是因为以色列人曾经在沙漠中成功建立了一个现如今蓬勃发展的国家，正如人们所说的**“让沙漠开出花来”**。这让以色列人充满了信心，他们坚信可以做得更好。确实，许多人都做到了。

天生的怀疑论者

1963—1964 年，也就是我在研究生院的第一年，我租了一间老房子顶层的单间公寓。我的邻居是来自印度的水利工程研究生和他的妻子，这无疑又增加了我的国际生活体验。他对美国人浪费水、不回收废水的做法感到震惊。当时阿莫斯和其他三个高年级的心理学研究生一起住在沃恩街上一栋巨大的老房子里。出于一些我感到很奇怪但从来没有质疑过的原因，阿莫斯邀请我和他们一起做饭、吃饭。我们的约定是，他们买东西、付钱，我做饭，然后我们一起吃。从我的角度来看，这是个绝佳的提议。我接受了，并且获得了比我的预期多得多的东西。

为 5 个人准备饭菜很容易，因为我曾经为 36 个人做过饭。差不多下午 4 点的时候，我会从办公室打电话给他们，巧合的是总有人在家。我会告诉他们：“把烤箱开到 200 摄氏度。”半个小时后我会再打一次电话，让他们把我提前准备好的放在烤盘上的烤肉和土豆放进烤箱，然后把温度降到 180 摄氏度。晚上 6 点我快到的时候，美妙的味道刚好飘出来，接着我会做剩下的事情。他们给了我极佳的陪伴，我们在一起经常大笑，就像在举办心理学的高级研讨会一样，我们当然还会闲聊和八卦。有一天，一位室友回家后跟我说：“你不能同时做两件事。”我回答道：“你是什么意思？我在同时说话和做饭。”“嗯，你只是转换得快。”随后我们进行了有趣的讨论：你要如何区分这些解释？

当时的主流理论是英国著名实验心理学家唐纳德 · 布劳德本特（Donald E. Broadbent）的过滤器理论：信息来自许多渠道，但接着就会被过滤，因为你只能关注和处理来自单个渠道的信息。这一主张引发了各方大量的讨论和实验。牛津大学的研究生安妮 · 特雷斯曼（Anne Treisman）很快提出了令人信服的反对过滤器理论的证据。后来，丹尼尔的有限注意力理论取代了过滤器理论。更晚一些时候，他们结婚了，这是件令人愉快的事情，对我和阿莫斯的生活都产生了持续的影响。

那所沃恩街上的老房子里有我们 5 个人已经很热闹了，但在周末的时候人数还会增加。我们有电视，这对研究生来说很奢侈。每当有篮球比赛的时候，大家都会聚在老房子里，为我们或者他们支持的队伍的得分或欢呼或哀嚎。其他地方也有派对，当时的普遍意见是临床心理学学生办的派对最好，而且校园里临床心理学学生办的派对确实很多。

在成为沃恩街居民的“厨师”数月后，我和阿莫斯成为情侣。在他读博士的第三年，他正在准备他的毕业论文，那是一项关于附近一所高安全级别监狱中囚犯的决策方式的深入研究。他每次去监狱探访回来，我都会松一口气，他会讲他和参与他研究的囚犯之间的对话以及有趣的故事。为了按时完成论文，他的秘书白天打字，我晚上打字。最后阿莫斯终于及时提交了这篇论文，但它差一点儿就没有通过学校的审核。因为他在研究生院注册时用了他的中间名字母，在论文中却把字母删掉了。阿莫斯因此多留了一个学期教课，在次年秋天前往哈佛大学的认知研究中心做博士后。

哈佛大学的认知研究中心由乔治·米勒（George

Miller）、杰瑞·布鲁纳（Jerry Bruner）和罗杰·布朗（Roger Brown）主导，这一年对他和常去拜访的我而言都十分充实。这个博士后岗位不仅给了阿莫斯充实的一年，也给了我在自己的博士研究上取得进展的时间。

当时，博士生在正式开始博士论文研究之前必须写一篇综合性论文，再完成为期两天的笔试，以及一场口试。学生可以选择一个委员会以及由委员会批准的主题阅读清单。我选择了阅读与记忆编码相关的文章，这是一个新兴的前瞻性领域。我列了一个长长的阅读清单，包括知觉、记忆、认知的开端和行为表现等，这个清单后来一直为我提供帮助。

我花了 3 个月坐在我公寓里的椅子上阅读，两边各放着一张小桌子。没读过的书和论文放在右边那张桌子上，手里捧着的是正在读的，读完的放在左边。渐渐地，右边的那堆东西消失了，左边的那堆越发高了起来。这个过程对应了当时人们对信息加工的观点：右边是输入，我手上和脑子里的是吞吐量；左边则是输出，我的输出就是吞吐量。这种信息加工方式主导了我 9 ～ 12 月的生活，并且在我接下来的任务中得到了很好的利用。

我需要在 1 月写完那篇综合性论文，然后在 2 月，一个人在离家几千米外的一栋空无一人的大楼的一个房间里待上整个周末，完成委员会交给我的笔试题目。我在第二天的深夜完成了一切，当时街对面的河岸温度显示零下 21 摄氏度。我给我妹妹打了个电话，让她接我回家，因为当时在上大学的她拥有一辆车。

口试过程有点儿令人失望。我的两个主考官在现场吵了起来，他们似乎把我忘得一干二净，直到我很明显地抬头看向天空，他们才想起来问我问题。不过最后，他们对我的笔试和口试给予了表扬。

剩下的就是做研究了。我的导师梅尔顿给了我完全的自主权，让我做我认为值得的研究方向，当然他也没有做任何指导。但对他的其他研究生来说这很不寻常，因为他会把精心设计的项目交给他们去做。梅尔顿身体不好，有几年一直在家里休养，很少回学校。我把我关于记忆分级表征的一系列实验写成了一份计划书邮寄给他，但没有收到他的回信。我把他的不回应视为否定，然后写了另一份计划书，这次他同意了。后来，一位研究记忆的著名学者进行了我第一份计划书中的研究，我才意识到梅尔顿只是忘记了我的第一份计划书，他有点儿健忘。

当时，语言在认知领域举足轻重，语言既是内容又是理论。尽管心理学在视觉刺激感知方面有着悠久且优秀的研究传统，但是视觉刺激的表征和记忆理论都是基于语言的。这一领域的领袖如斯珀林[①]和波斯纳[②]已经表明，视觉刺激在半秒钟内就会被语意表征迅速取代。但这对我来说毫无意义，因为人们可以识别和记忆大量他们无法用语言描述的面孔和场景。究竟要如何描述某一个视角的微妙特征呢？即使

①G. 斯珀林（G. Sperling），美国心理学家，首次发现了在记忆中存在感觉记忆阶段，并首创了部分报告法，证明了感觉记忆的存在。——编者注

② 迈克尔·I. 波斯纳（Michalel l. Posner），美国心理学家，主要研究与选择性注意有关的神经系统结构和机能的发展，以及人在获取新技能的过程中大脑所发生的变化，1980 年获美国心理学会颁发的杰出科学贡献奖。——编者注

只是短暂地暴露在视觉刺激之下，我们能够识别的视觉刺激的数量也面临着激烈的竞争。当数量达到每年要加工一万个场景时，人们就会出现其他问题。我的观点已经很明确了。

我天生就是一个怀疑论者，甚至是个反对者。每当我听到一个大胆的观点时，我都会去寻找它可能出错的地方。我认为反对者的观点是有用的，只要这些观点不琐碎，只要它们是有成效的。反对者不要只想着破坏，而是要找到创建事物的方法。我主张对视觉空间进行表征和记忆有着古老的起源，这些能力比语言的进化要早得多，半个大脑皮层都以某种方式参与了视觉空间感知或者记忆。我们对视觉空间的概念在语言出现之前必然已经形成。如果语言和空间有任何关系，语言一定是建立在空间之上的，而不是反过来的。

将这些想法转化为实验，从而展示视觉空间表征与语意表征不同并且可以持续存在是一个挑战，我必须在以色列解决这个挑战。

当时我和阿莫斯刚刚结婚，他在耶路撒冷的希伯来大学得到了一份难得的工作。他已经推迟了一年入职，不能再推迟了。学年从 11 月初开始。我们，或者更确切地说是我，购买了我们在以色列生活所需要的许多东西，再和家里的东西一起打包运到了以色列。那时，我除了夏令营时在明尼苏达州和加拿大的边境水域划过独木舟，几乎没有离开过美国。在那美妙的夏令营时光里，我在水中划独木舟，在岛屿上露营，但那不能算是拥有了一次出国经验。当时的我只知道一些简单且无法拼凑成句子的希伯来语单词。那是 1966 年 10 月底，等待我的不仅仅是一门新的语言，还是一个新的国家、一个新的社会。

我们沿途去了一趟伦敦，住在研究生毕业后搬到那里的朋友家里。天气阴沉又寒冷，没有什么东西是暖和的。我们颤抖着参观传统景点、剧院和博物馆，亲眼看到我在书中读过的地方，那些许多文学、艺术和政治名人生活和工作过的地方，还有那么多发生过历史事件的地方。对于一个在新建的城镇里长大、与过去唯一可以触碰的联系是弯曲的树木和可疑的箭头的人来说，这是令人兴奋的。但很快，我就会回到更久远的历史中去。

在以色列度过一学年生活

我们在黄昏前抵达了以色列。在夜幕降临之前，我对我即将生活的国家的第一印象是一个阿拉伯村庄，砂岩房屋和一座清真寺，比伦敦更像异国。我们的第一个目的地是阿莫斯的家人为我们租的公寓，就在他们居住的隔壁大楼里。公寓里的设施很日常，或者可以说比较简约。我迫不及待，想立刻就到早上，那样我就能看清自己身在何处。与伦敦形成鲜明对比的是以色列明媚的阳光和热浪。阿莫斯在接下来的几天带我参观了耶路撒冷，我们去看了他曾经生活和学习过的地方，在他曾经吃过饭的餐厅吃饭。他在以前常去的城市最中心的老地方受到了热烈的欢迎。我们吃饭的时候，我从窗户里看到一个女人蹲在排水沟上，拉起她漂亮的传统绣花裙子，做她需要做的事情。我心想，我这是来了个什么地方。

耶路撒冷是一座布满岩石丘陵或者高山的内陆城市，每座山都有它的名字和悠久的历史。由于约旦占领了历史悠久的旧城，所以我们没有去成那里。旧城是那座古代神殿的墙壁所在地，也是许多派别的教徒的圣地，那里有热闹的市场，狭窄的巷子因为跑闹的孩子们而充满生机。从远处我们只能看到围绕着它的厚石墙和几座从墙顶探出来的塔楼。在城里，我没有阿莫斯就什么都干不成，因为我不会说希伯来语，而当地也很少有人会英语。

但是一进入大学，我立即就感到很亲切，每个人都在说英语。我熟悉做研究，也熟悉大学的气氛。跟我同领域的几个研究生热情地接纳了我，我们进行了热烈的讨论。在另一个很多年后才合上的闭环里，他们其中一个人的儿子现在在纽约，刚好就住在我楼下。我拥有了一间办公室，图书馆就在隔壁，于是我可以继续工作。每天，我和阿莫斯都要在公寓和大学之间的岩石山谷中爬上爬下。我们在大学周围的栅栏上找到了一个洞，爬了过去。

在另一个方向上有一家杂货店，我和其他人一样用绳袋买东西。杂货商们自发教起了我希伯来文，因为他们需要我用希伯来文说出想买的东西，才能把东西卖给我。我见到了阿莫斯的家人，他的大姑和大伯都会说英语，但他们年幼的孩子们不会，阿莫斯的其他姑姑和叔叔们也不会。阿莫斯的父亲能流利地说五六种语言，可惜的是，英语不在其中。他会读英语，我们单独相处时，他的英语足以体现他温暖的幽默感。

阿莫斯的圈子都是他的老朋友，童年的朋友、青年的朋友、军队里的朋友、大学时的朋友，还有记者和作家。和他们第一次见面时，我们的交流开始于两段礼貌但有点尴尬的英语交流，他们都说得很好，但很快就转成了流利而快速的希伯来语，他们围绕政治、大学和文学展开了激烈的讨论。当我学到足够多希伯来语单词试图加入他们的讨论的时候，我才意识到掌握希伯来语的重要性，因为那些讨论在英语中的意思变得非常不同，甚至显得苍白无力。总之，我非常认真地学习这门语言，尤其是我将在下个秋天用希伯来语教授一门关于“学习”的大课。

接下来，我把每一个讲座的名称都用英语写了出来并翻译成了希伯来语。我的学生都跟我的年纪差不多，因为他们都服了2～4年的兵役，是经过严格筛选并且高度自信的人。在第一节课的课堂上，我开始讲课 10 分钟后，就有人从挤满了人的教室后面大喊：“你讲得不对！”

但那是后来的事情了。我到达以色列两个月后，开始在一个叫作“乌尔潘”（Ulpan，音译）的地方系统地学习希伯来语，一周 6 天，每天 5 小时。教室在城市东缘的一座旧楼里面，扔个石头就能到约旦边境。我们的新车刚刚运到，因为阿莫斯是归国留学生，所以没被征收 200% 的税。阿莫斯花了一个下午让我记住往返于教室和家的复杂路线。因为街道都是单行道，又有山丘，去和回的路线是不一样的。当时也没有地图，我哪怕迷路了，也没办法问路。

我那个子小巧、性格活泼的希伯来语老师非常出色，她在电台还有一个用简单的希伯来语播送的新闻和文化节目。当时还没有电视，我经常听这个节目。

我们的班级是个多样化的集体。我和一位来自西班牙的历史教授成为朋友，当时他需要学希伯来语做研究。虽然我们都会说法语，但由于他浓重的口音，我听不懂他的法语，于是我们就用希伯来语交谈。后来他回到了西班牙，那之后我们便失去了联系。

当时有很多用简单的希伯来语写成的书，相当于对经典作品的翻译，我很热衷于读它们，因为可以在学习语言的同时收获历史和文学知识。最终，我阅读了第一本用比较难的希伯来语写成的书，它叫《我的米海尔》（*My Michael*），那是阿莫斯的朋友阿摩司·奥兹（Amos Oz）写成的一部令人难忘的小说。奥兹后来成为以色列最多产且最受欢迎的小说家之一，还是一位不知疲倦的和平倡导者。

1967 年 6 月，我对希伯来语已经有了不错的掌握。我掌握的希伯来语足以让我意识到，很多在我当时的年纪搬到以色列、能说流利的希伯来语的长辈仍然有语音和语法方面的错误。

但在此之前，这种平静的生活已经被打破了。以色列和 3 个比它规模更大的国家以及地中海接壤，一直处于威胁之下。收音机无处不在，当钟声在整点响起，新闻开始播报时，每个人都会停下来听广播。埃及和以色列之间的紧张气氛一直在持续。当时的埃及总统在 1967 年 5 月关闭了蒂朗海峡，封锁了以色列的重要出海口。这是一种宣战，局势进一步恶化。

那天，阿莫斯说：“他们会来找我的。”我们找到了他的旧军装，他穿起来仍然合身。到晚上 10 点，有人来敲门，他就走了。他是负责占领伯利恒的野战排排长，战后担任耶路撒冷北部的一个大城镇的指挥官。是的，他的部下在战争中牺牲了。战争在 6 月 5 日爆发，耶路撒冷几乎立即遭到了炮击。几乎同时，警报声四起，命令我们进入掩体。4 天后我们出来时，世界已经完全变了样。

第二天，阿莫斯的部队里，有人给阿莫斯的父亲打了个电话，告诉他阿莫斯是安全的。因为阿莫斯的父亲是令人尊敬的医生，而他的母亲曾经是议会成员，正巧阿莫斯的姐姐在电话公司工作，正巧他们手边有一部电话。阿莫斯的父亲显然松了一口气。他在战争刚爆发那几天几乎没有说过话，当他知道阿莫斯安全了之后，立刻就回归到那个爱开玩笑、充满感情的形象了。第三天，阿莫斯开着一辆军用吉普来接我，我们还一起逛了一圈。

以色列获得了胜利，但这场战争夺去了很多人的生命。那时，我只在以色列短暂居住了 7 个月。我认识 3 个在那场战争中去世的人，其中一位是阿莫斯的发小，是他最好的朋友，另一位是他的表兄，也是一名将军和四个孩子的父亲，最后一位则是希伯来大学的年轻教师。在美国，虽然我生活的那个时代爆发过对越南的战争，但我不认识任何参加过战争的人。而在以色列，尤其是在那个时期，每个人都是军人，最有才华的人会当军官或者进入精英部队，军队的战斗口号是："跟我上。"

阿莫斯还要继续服役 6 周才能回家，我们才能回到密歇根州安阿伯，我也才能继续我的博士学位。我们回到耶路撒冷度过了一学年，我们俩都在教课，然后夏天回到了安阿伯，这样我就可以继续我的博士论文研究了。到了第二年夏天，我们的第一个孩子即将出生，但比这更紧迫的期限是我需要在 11 月初新学期开始前完成我的博士论文。

孤独的博士论文研究之路

我把那两个暑假都用来做实验，从而论证视觉表征与语意表征是不同的，语意表征不仅可以延续，还可以产生视觉表征。这需要对实验刺激的视觉特征和语意特征进行独立的改变。我使用三个特征构建了面孔和名字刺激，使相似的面孔有不相似的名字，相似的名字有不相似的面孔。如果被试使用的是视觉表征，他们区分视觉上不同的面孔应该比区分语意上不同的面孔更快；同样，如果被试使用的是语意表征，他们区分语意上不同的面孔应该比区分视觉上不同的面孔更快。由于语意相似性和视觉相似性并不相关，所以被试的反应就可以反映他们所使用的心理表征。

我在从耶路撒冷回到学校的第一个暑假做完了第一个实验，并且迫于毕业的压力，在第二个暑假做完了第二个实验。一些航空公司在女性怀孕 7 个月后就不允许她们乘机了，而我还在教课。希伯来大学有一条防止裙带关系的规定，不允许配偶在同一个系教课，于是我不停地从一个职位换到另一个职位。当时我即将入职贝尔谢巴一所刚刚成立的大学，它位于沙漠之中，距离耶路撒冷以南大约几小时的车程。当时它占据了很多居民楼的一楼，这是些注定会变成商店的门头房。

我以我最快的速度工作着。当时已经有计算机的大型主机了，但是它需要经过漫长的等待才能得到结果。首先要把每个数据点打到打孔卡上，再把打孔卡规整地放在纸板盒子里，然后把盒子搬去计算机中心，第二天或者第三天后取回一大摞纸质结果。我没有时间做这些。每天，我在紧张地做了一天实验之后，会用一个机械计算器手动分析数据，然后冥想一小时。其实我是在脑海中思考，直到结果变得清晰，我就知道成了。

一切努力都是值得的。两个实验都为“文字不仅维持视觉表征，而且创造视觉表征”提供了强有力的证据。现在这个论点几乎是显而易见的，你读小说的时候脑海中会播放一整部电影，但是以清晰可见的方式提出证据却很难。后来的其他研究者使用了我当时使用的研究方法，揭示了视觉-空间心理表征上的许多特征。第二个实验比第一个更清晰、优雅，所以我只提交了这一个实验用于发表。我向当时最相关的期刊《感知与心理物理学》（现已更名为《注意力感知与心理物理学》）投了稿。《认知心理学》那时还没有出现，不然它会是更加适合的期刊。《感知与心理物理学》当时的编辑是迪克·阿特金森（Dick Atkenson），他回信告知我他接收了这篇文章，并且没做任何改动。这种事情再也没有在我身上发生过，也没有在我认识的任何人身上发生过。现在要发表一篇文章通常需要修改好几次，经常还需要同时向几个期刊投稿。

我以一个反对者的身份开始了我的职业生涯，我研究的方向是视觉-空间认知。这是一条冒险之路，没有人跟我同路，这意味着没有现成的研究方法，也没有地图可以遵循。我一边探索，一边建立起这一切。这趟旅程带我见识到了许多迷人又相关的其他现象。你会注意到我从早期的单一视觉研究转向了视觉-空间认知研究。此处需要解释一下，盲人可以拥有绝佳的空间表征，他们的空间思维技巧明显超越正常人的水平。他们可以在空间中漫游，可以利用空间进行抽象思考。除了视觉，听觉、嗅觉、触觉、本体感觉和动作等许多模态都是空间思维的基础。每个模态都贡献着独有的信息，但一些信息与视觉信息是有所重叠的。

在心理学上，视觉指的是视力所独有的东西，它是视觉想象的基础，视觉想象的作用是想象人、地点和事物并且在它们出现的时候识别它们。但是我们还有其他类型的想象，比如我们可以想象声音和动作，也许还可以想象出闻到的气味、尝到的味道和触摸到的质地，并且可以在它们出现的时候识别它们。大脑很善于把这些通道无缝整合到空间和视觉思维中，以至于我们觉察不到哪种感官贡献了哪些信息。

那时，视觉-空间思维还是无人踏足的领域，等待着人们去发掘。我对这个领域有一个新的研究视角，这个视角在数年间不断发展和扩大。由于语言在认知科学中的主导地位，视觉-空间认知曾经并且直到现在在一定程度上仍然是一个边缘领域，而非认知科学的核心。认知科学的研究者认为视觉-空间认知是一个专业领域，就如同音乐一样。记忆是语言，思维、推理和决策也是语言。认知科学有视觉记忆的分支，有空间思维的分支，有音乐的分支，有动作的分支，有嗅觉和触觉的分支，但它们本质上都是分支。所有这些分支在当下都比当时更为核心，但在许多年前，语言就是认知科学的核心，而且对许多人来说，语言在今天仍然是认知科学的核心。毕竟我们能用语言清晰、流畅地谈论空间，谈论艺术，谈论音乐，谈论嗅觉，谈论动作。语言，或者说完全意义上的语言，是人类独有的。语言使人类独特，使我们不仅仅是“另一种动物”而已。

2014年的诺贝尔生理学或医学奖授予了莫泽夫妇①和奥基夫②，以表彰他们发现了海马内嗅皮层中位置细胞和网格细胞的卓越研究工作。这个奖项改变了学界之前的观点，标志着人们对空间思维根本性角色的认可。海马很长时间以来都被视作人类记忆形成的地方，而这项研究肯定地指出，海

① 指爱德华·莫泽（Edvard Moser）和梅－布里特·莫泽（May-Britt Moser），两人均是挪威神经科学家，2005 年共同发现了网格细胞是大脑定位系统的另一关键构成，因发现“大脑中的 GPS”而获得 2014 年诺贝尔生理学或医学奖。——编者注

② 约翰·奥基夫（John O'Keefe），美国神经科学家，他以发现海马中的位置细胞而闻名，2014 年因发现“大脑中的 GPS”而获得诺贝尔生理学或医学奖。——编者注

马在建立和表征空间联系的早期起到了根本性作用。对我来说，这项研究颠覆了我早先持有的“语言是思维的基础”的观点，我意识到空间中的动作才是首要的。即便如此，仍然有一些坚持己见的人贬低这项研究，认为他们研究的是低级的啮齿动物。但自 2017 年以来的后续研究已经表明，啮齿动物表征空间思维的大脑结构在人脑中也负责表征空间思维，并且程度更深。对人类而言，那些表征具体的空间思维的大脑结构，同时也表征着抽象思维。这些结果为我的观点提供了部分证据，即**空间思维是人们所有思维的基础。空间思维并不是矗立的一整栋大楼，而是思维的基础。**这一观点的证据不仅来自神经科学，还来自行为学、语言、手势、图形学等，也就是来自人类表达思维的各种方式。

但我想，我们的思维与身体和世界紧密关联的程度，各种感官相互作用的程度，或者说我们用行为感知世界的方式以及我们在世界上所做的事情，这些思维模式渗透得很慢。包括婴儿在内的一些物种看上去是没有语言的，但这些物种的惊人举动使人们意识到，令人印象深刻的思维是通过感知和行为的耦合发生的，而不是通过语言。我很高兴看到这个观点在经过这么多年的幕后徘徊之后得以实现。在外界看来，我一定像一只蜂鸟，在花丛中快速地飞来飞去，但在我的著作《行为改造大脑》中，这一切都汇集在一个连贯的故事中。不过这离当时的我太远了，我的博士论文只是简单地表明，人们能够保持并储存视觉-空间表征，并且能从语意表征中构建视觉-空间表征。

这让我对整个科学方法产生了怀疑。有太多东西我们不去研究，要么是因为我们缺乏研究方法，要么是因为我们不想研究，被自己的先入之见和想象力缺乏蒙蔽了双眼。我们不仅会在科学领域受到先入之见和想象力缺乏的蒙蔽，生活中的各个领域都会，只是它发生在科学领域更令人惊讶，因为科学家理应具有思考的自由。这是心智的另一个奥秘，它本身具有局限性：心智的局限性在哪里？我们要如何克服它们？为了回答这些问题，心智研究需要着眼于心智本身的局限性。这些问题是创新和创造力的核心，也是我现在正在研究的内容。我有一些想法、一些研究，还有一个故事。

A Brief History of Me and My Career

第 4 章

见证伟大的合作

1968 年底，我和阿莫斯·特沃斯基在以色列定居了。几乎与此同时，我的丈夫阿莫斯开始了与丹尼尔·卡尼曼的合作。丹尼尔在哈佛大学完成了第二个博士后研究，在 1968 年回到了耶路撒冷。他们俩在办公室、在我们家、在餐馆一起度过了很长时间。

回到耶路撒冷的时候，已是 1968 年末。我的生活和事业密不可分，它们是交织在一起的。我的生活和研究生院的其他同龄人不一样。他们大多是男性，从研究生院毕业后通过“老男孩们”的关系网直接在美国的大学里获得教职，一辈子生活在一所或另一所大学里，不受在国家间迁徙、学习新语言、经历战争，甚至生孩子的影响。

1968 年底，我和阿莫斯在以色列定居了，买了一间崭新的小公寓。公寓面朝新城，位于那座美妙的以色列博物馆下方的斜坡上。这是另一条去往希伯来大学的路，只要在布满岩石的山上上上下下，然后再往上，就能到达山另一侧的希伯来大学。秋天的第一场雨后，小小的野生仙客来几乎不可思议地从岩石中冒了出来，到了冬天的时候，会有鲜艳的红花长出来。冬天在以色列是重生的季节，不是死寂的季节。

我们的许多邻居都是希伯来大学的年轻教师，年轻的家庭为我们以及孩子们提供了绝佳的社交生活。我丈夫在戈兰高地服完两个月的预备役后及时回家，赶上了我们第一个孩子的降生。

那一年，我每周都要往返贝尔谢巴一次，前往在沙漠中刚刚开始发芽的新大学教书。在大学建设期间，课堂就安排在城里能找到的任何地方。我的教室是一间有玻璃墙的大房间，位于一条繁华街道上一栋新公寓楼的一楼，这间房间后来成了一间杂货店。我教了一门新颖又令人兴奋的学科，人们刚刚把它命名为认知心理学。当时还没有教科书，于是我收集了一组影响深远的论文来展示、整合和讨论。我的两名学生后来继续在希伯来大学攻读博士学位，并成为位于贝尔谢巴的那所大学新校区的首批老师和杰出学者。

阿莫斯和丹尼尔开始了紧张且有开创性的研究

几乎与此同时，我的丈夫阿莫斯开始了与丹尼尔的合作。丹尼尔在哈佛大学完成了第二个博士后研究，在 1968 年回到了耶路撒冷。他们俩在办公室、在我们家、在餐馆一起度过了很长时间。大约一年后，阿莫斯受邀到斯坦福大学的行为科学高级研究中心工作一年，当时我在斯坦福大学获得了博士后岗位，于是我们在 1970 年夏天搬到了斯坦福，我们的第二个儿子也在次年 8 月出生。几周后，我们搬到了俄勒冈州的尤金，阿莫斯和丹尼尔在保罗·斯洛维奇（Paul Slovic）的资助下在那里的决策研究所一同工作，度过了充实的一年。我加入了俄勒冈大学波斯纳的研究小组，尽管孩子们的疾病和古怪的日托工作人员让我必须经常待在家里。

1972 年晚秋，新学年开始的时候，我们都回到了耶路撒冷。那时，我获得了另一份教学工作，是在希伯来大学一所面向海外学生的特殊学校。我用自己熟悉的语言和简单的希伯来语，向来自世界各地的学生教授心理学入门课程。国家间的差异使这个班级暗流涌动，这并不是一个容易处理的情况。

第二年，我转到社会工作学院任教，在那里面临的是一系列不同的挑战。这所学院的院长曾经在德国读过书，他深深地沉浸于弗洛伊德的理论之中，对我的认知观点持怀疑态度，甚至不屑一顾。我当时很年轻，还是女人，时常感觉到自己的脆弱。一直以来，心理学系的小办公室是我一个喘息的地方，它给了我很好的陪伴。

我利用有限的资源和挤出的时间，开始了几个研究项目，并带着它们从一个地方前往另一个地方：从耶路撒冷到斯坦福，到俄勒冈，再回到耶路撒冷。有些人扩展了我博士论文中的观点，即视觉-空间表征可以持续并且可以从文字中产生。我和同事们发现人们可以从句子中形成并保持视觉-空间心理表征，这再次挑战了之前的研究结果；我们发现视觉-空间表征虽然只适用于特定模态，但广泛存在于文字和图像的每种模态之中；我们发现儿童也可以从语言中形成视觉表征，他们只是比成年人慢。

为回忆编码

另一个研究项目发现，记忆和记忆编码都取决于被试被告知他们的记忆将通过自由回忆还是再认进行测试，二者之间存在实质性差异，而这一结果挑战了“记忆是单一的”和“记忆编码是单一的”这两种观点。被试需要记住的实验材料通常是常见物品的线条图，比如一艘帆船或者一只行李箱。他们虽然按照对抗平衡顺序同时进行了自由回忆和再认测试，但在做过准备的测试中会表现得更好。

可以推测，当被试预期将要进行自由回忆测试时，由于测试要求他们记住尽可能多的物品，所以他们会尝试在物品与物品之间建立强烈的联系，这样只要记住一个物品就会想起另一个物品。不同的是，如果他们预期要进行的是再认测试，他们就会专注于每个物品的细节，以便区分他们看到的究竟是哪一艘帆船或者哪一组行李箱。在再认测试中表现良好并不能保证在回忆测试中也表现良好，反之亦然。实际上，这两种测试的结果是相互独立的，两种测试分别依赖于不同的记忆，根据信息的用途不同而以不同方式存储传入信息是合理的。我们在儿童身上也发现了类似的现象。

我们进一步拓展了对视觉记忆的研究，我们发现当人们有更多时间去研究刺激物以及刺激物出现的时间间隔更长时，被试对刺激物的记忆会得到提高。一个合理的推测是，人们用多出来的时间去巩固了对视觉刺激的编码。

我和同事们开始研究常见物品的分组和分类，这要追溯到我没有完成的第一份博士论文计划书。先前的研究已经发现，学龄前儿童倾向于按照感知特征，尤其是形状和颜色，而不是更为抽象的比如功能类特征对物品进行分组。因此，学龄前儿童会把消防车和苹果分到一组，而不是把消防车和汽车分到一组，因为消防车和苹果都是红色的。我们发现，当这些物品共同拥有的一些感知特征能够协助儿童根据概念特征进行分组时，儿童更有可能按照概念特征进行分组。

共同的主题贯穿了我各种各样的研究兴趣，那就是探索视觉刺激的本质，探索视觉刺激记忆的影响因素，并将其与言语刺激的本质和言语刺激记忆的影响因素进行比较。

尽管战争已经结束，以色列的局势却仍然紧张。1969年5月的一个早晨，我把年幼的儿子留在家里和他爸爸一起睡觉，独自去超市购买下周的食物和生活用品。就在我把购物车推过卖香料的柜台时，藏在香料中的炸弹爆炸了，炸死了两个离得更近的人。爆炸的碎片落得到处都是，我身上也是，好在我并没有受伤。我知道自己没有办法提供任何帮助，就赶紧回了家。1975年，我当时正怀着第三个孩子。那天我去城里修改我的裙子，一颗炸弹在离我不足百米远的地方爆炸了，炸死了13人。我又一次感到极为震惊，但又庆幸没有受伤。

我很少谈起这些危险遭遇，原因很多：它们没有改变我的行为方式，类似的事情太多了，而我也没有受伤。那几年中，阿莫斯每年需要服两个月左右的预备役，每年夏天还至少要出国两个月，展示他的研究成果，以及要跟在欧洲或者美国的其他学者合作。那些年还没有电子邮件，电话费也贵得让人望而却步，所以我们都是通过信件联系彼此。

以色列的紧张局势继续加剧。1973年10月，埃及人在赎罪日这个以色列最神圣的日子里袭击了以色列。中午时分，警报声响起，引导着人们前往避难所。我带着我的两个儿子，到一楼和邻居们待在一起，他们当时一个 4 岁，一个 2 岁。我们大家一起度过了难挨的几小时。

我们的日常生活基本陷入了停滞，能被征召的人都被征召到预备役部队里了，只留下惊恐的妇女和孩子待在家中，新闻里一连很多天都没有好消息。阿莫斯在美国的某个地方，我不知道他具体在哪里，但我知道他一定会竭尽全力尽快回国。

我们接到了晚上不准点灯的命令，不过这有一个好处就是能看到星星！大学课程被取消了，因为很多学生和教员都被征召入伍。

我能做些什么呢？我感觉周围全是压力和恐惧，所以我去图书馆研究了关于压力的文献，然后以战争和压力为主题写了一篇长文，发表在受欢迎的英文报纸上，通篇都在告诉人们，感到焦虑、不确定和失眠都是正常的。我很惊讶有那么多人读了这篇文章，并且告诉我这篇文章帮到了他们。

战争第二周的一个晚上，我把孩子们哄上床后到书房工作，然后听到熟悉的脚步声跑上了楼梯。当时，能搭上飞往以色列的航班极其困难，因为许多以色列留学生都在努力回国参军。阿莫斯和丹尼尔先是从加利福尼亚州飞到了巴黎，而后因为丹尼尔的姐姐在巴黎一家与政府关系密切的机构工作，他们才得以搭上了飞往以色列的航班。但短短几小时后，阿莫斯已经吃了饭，洗过澡，穿上制服，走下楼梯，搭车前往战场了。

即便在战争结束后，紧张的局势和高度警戒的状态仍在持续。到了次年夏天结束的时候，我和阿莫斯受邀以访问教授的身份前往密歇根大学交流半学期。这是一个和同事们一起教学和工作的机会，在远离战争和恐怖主义的地方度过几个月也是一种解脱。尽管我很努力教我的儿子们英语，但他们还是几乎不会说，所以把他们带到一个新的国家，搬进一间新公寓，让孩子们用他们几乎听不懂的语言上托儿所是一种挑战。幸运的是，孩子们很快就适应了，我们也是。

前往斯坦福大学

和亲密的同事进行长时间的讨论，教授渴望知识的研究生们让我很快恢复了活力，这也使我暂时摆脱了在以色列的生活压力。我们讨论的核心，以及我教授的研讨会课程的核心，都是心理表征的本质问题，尤其是探讨是否存在一个非语言的内部表征，这个表征更接近于描述或者空间。有关这些问题的讨论非常活跃，一般称为意象辩论。命题一方的主要支持者是哲学心理学家泽农·派利夏恩（Zenon Pylyhyn）意象一方，尤其是视觉意象的主要支持者是心理学家斯蒂芬·科斯林（Stephen Kosslyn）。科斯林和罗杰·谢泼德（Roger Shepard）一起完成了很多揭示心理意象视觉属性的研究，但派利夏恩认为这些表征可以简化为类似命题的表征。

我当时没有参与这项讨论，现在看来这可能是个错误。我认为大脑中没有意象，也没有命题，大脑中有的只是神经元，并且语言或者视觉等不同形式的表征有着不同的行为结果。我的博士论文以及谢泼德、科斯林等人后来的工作在不同的场合和范式中都显示了这些差异。像许多看起来热闹的学术争论一样，这一争论也逐渐消失了。有关不同形式的心理表征的证据越来越多，不再仅限于视觉和语言，这些证据还得到了那些揭示大脑中不同加工路径的研究项目的支持。

我们在1974年10月底回到耶路撒冷，开启了新的学年。阿莫斯继续每年在国外过暑假，每年服两个月预备役。但他现在不再担任军职，更像是作为一名心理学家而工作。我们的女儿，也就是我们的第三个孩子出生在 1976 年 1 月。我还在医院的时候，希伯来大学的教务长来看望，他也是我的一位亲密的朋友。他告诉我们，学校已经为我解除了防止裙带关系的规定，理由为我不是阿莫斯的学生，而且我还在另一所大学学习过。这个决定为我打开了在希伯来大学心理学系任职的大门。但在我得知这个好消息之前，我们已经计划在 1977—1978 学年休年假。我们将前往斯坦福大学心理学系做客，而丹尼尔将在斯坦福大学校园中的行为科学高级研究中心工作，这使得他和阿莫斯得以继续合作。

那一年改变了我们所有人的生活。除了 1985—1986 年的访问和做客，我们再也没有回过希伯来大学。

A Brief History of Me and My Career

第 5 章

在斯坦福开启不同的人生

我们做的研究总是与他人的研究相关，但同时我们的研究也总是与现实世界的经验相关。我的思维习惯是首先考虑重要的现实世界任务，然后思考如何把它们抽象成实验室任务，从而捕捉现实世界任务的本质。这是一个有来有往的过程，选择重要的现实世界任务并抽象出其本质促进了学科之间的联系。许多其他学科的研究者找到了我，我们进行了一系列富有成效的合作。

重新适应在斯坦福的生活

斯坦福大学对我来说既熟悉又陌生。我曾经作为一名研究生在那里度过了几个暑期，我和阿莫斯还在 1970—1971 学年在斯坦福大学心理学系度过了一年。我们熟悉这个地方并且认识了许多斯坦福大学的教师，他们中的许多人至今仍然坚守在那里，并且热情地接待了我们。我知道怎么在斯坦福大学来去自如，但我现在有 3 个几乎不会说英语的孩子。两个大的孩子需要上学，放学之后需要日托，最小的孩子一岁半，全天都要上托儿所。我花了几个月的时间安顿他们，之后才能继续工作。后来我才意识到我的情况是多么不同寻常，因为心理学系中很少有女教师，而我认识的那些女教师都没有孩子。

心理学系的教师们无论男女，在专业上都领先于我，他们在职业生涯关键期的前 8 ～ 10 年都在奋力开拓研究领域和参加专业会议，而我把这些年都花在了学习一门新语言和一种新文化上。我在恐怖主义和战争的背景下，从一个边缘性工作换到另一个边缘性工作，同时还要全权负责照顾家庭。在斯坦福大学，心理学系有孩子的男教师都有妻子照顾家庭和孩子。人们对教师的期待是专注于自己的职业生涯，不为任何事情分心。男教师们不会谈论孩子，或者在下午 5 点离开办公室接送放学的孩子，也不会因为孩子摔断了胳膊，所以必须在白天中途离开，更不会因为孩子病了就必须待在家里。他们的妻子都不工作，所以很多人因为我有工作而对我表示不满。像我母亲一样，她们似乎认为工作会对孩子们造成伤害。所以，我不属于教师或者母亲这两个世界中的任何一个。

这与以色列形成了鲜明的对比。以色列的男性和女性兼顾工作和家庭，这是很正常的事。当然，现在的美国也是这样，但当时并不是。我那时已经适应并且喜欢上了以色列的生活。在那里，想法很重要，并且是值得讨论的话题，家庭和朋友也很重要，也是值得讨论的话题。当然，社区是最重要的。所以突然间，我在自己的国家感觉自己像个陌生人。我在专业上也远远落后于其他人，我感觉自己没有做好任何一份工作，无论是在自己的专业上，还是作为一位母亲和一名妻子。当阿莫斯说他希望我们留在美国时，这种沮丧感加剧了。丹尼尔当时正计划着和安妮·特雷斯曼结婚，她是一位在注意力和感知领域都极为出色的心理学家，当时也在行为科学高级研究中心工作。他们决定在北美谋职，为了继续阿莫斯和丹尼尔的合作，我和阿莫斯也需要做同样的事情。我知道我不能改变这个合作的决定，我能做的只是表达我的担忧。“只要好好工作就行了。”阿莫斯说，他的声音表明他相信我能做到。

从家庭未来发展的角度出发，我们考虑了几个选项。作为一对夫妇，我们选择了斯坦福大学。阿莫斯获得了斯坦福大学终身教授的职位，而我获得了一份兼职工作，拿着半个博士后的薪水做着全职的工作。比微薄的薪水和极重的工作负荷更重要的是，我有机会和心理学领域里的领袖人物、优秀的研究生一起学习和研究，以及可以接触其他许多更重要的事情。

事实证明，斯坦福大学确实是一个极好的地方。我第一次拥有了可以让我工作一整天的托儿安排。在耶路撒冷，我只有半天的时间可以工作，这半天还包括要完成那些维持家庭运转所必需的家事、教学和研究。斯坦福大学有着热衷交流的优秀同事，有着渴望合作的优秀研究生，系里还有杰出的访问学者。每个研究小组、每个研究领域、整个系，包括语言学和哲学，以及后来的计算机科学在内的系外相关领域都有形式各异的研究会议。这些使我得以了解领域内最新的重要研究动态，并且通过学术报告会结识了很多知名的研究学者。

斯坦福大学不仅鼓励跨学科交流，而且使跨学科交流成为可能。在旧金山湾区，特别是每年伯克利大学的认知领域都会举办一场为期一天的会议，使学科之间相互促进并且增进友谊。我记得有一年，伯克利大学一半的讲座都是关于斯坦福大学罗杰·谢泼德课题组做的心理旋转研究，而斯坦福大学一半的讲座都是关于伯克利大学的埃莉诺·罗施（Eleanor Rosch）课题组进行的分类研究。空气中有这么多想法等待着我们去抓取、讨论和研究。我最小的孩子4岁的时候，她已经学会了自己穿衣服、吃早餐，然后叫醒她的“夜猫子”爸爸送她去日托中心。得益于孩子们的自立，我可以离开他们3天去参加美国心理科学协会的会议，这是一年中实验、感知和认知心理学家聚集在一起展示和交流的重要会议。

我提前准备好了冷冻食品，洗好了衣服。在飞往会议地之前，我带女儿去日托中心，我向她解释我要离开几天，爸爸会照顾她和哥哥们。她问：“你会有朋友吗？”我虽然觉得这是个奇怪的问题，但我仍回答说：“是的。”“那你就会好好的了。”她说。

这个问题值得跟进吗

我不停地阅读。当《认知心理学》《实验心理学》《记忆与认知》等期刊送到后，我迫不及待地打开它们。我现在还保存着我阅读它们所做的笔记，并把它们按照一个不断增长的题目列表整齐地排列着。

阅读总是会引发问题，然后就出现了一个元问题：这个问题值得跟进吗？这成了后来我在斯坦福大学开设的荣誉计划中，以及我在斯坦福大学和哥伦比亚大学教师学院开设的研究生研讨会上为学生们提出的建议。我为和我一起做研究的学生，或者说为任何人提出这个建议，即找到一篇让你感到兴奋的论文，然后找到一个开放性的问题。包括做研究在内的所有学术论述实际上都是一种对话，你希望你的贡献是有趣的、与之相关的、重要的、有影响力的。**对我来说，一个值得追求的问题必须是个大问题，不是实验中的微调或者实验条件的改变，而是一种概念上的改变。**

如何理解视觉空间世界

1978 年，史蒂文斯和库普发表了一篇论文，他们发现在加利福尼亚州圣地亚哥上学的学生认为，内华达州的雷诺在圣地亚哥的东面，而实际上雷诺在圣地亚哥的西面。这是一个系统性的错误，不是随机的。是什么原因导致了这个错误呢？这个问题引发了更大、更抽象的问题，有关我们如何理解这个视觉空间世界，以及我们理解视觉空间世界的方式与语言在各个方面的比较。

当时，分层组织的概念非常流行。史蒂文斯和库普也把他们发现的这个错误归因为分层组织。人们可能不知道每一座城市之间的相对方向，他们往往是用这些城市所在州的方向来推断这些城市之间的大致方向的。内华达州在加利福尼亚州东面，所以内华达州的所有城市一定都在加利福尼亚州的所有城市的东面。但是加利福尼亚州的海岸和内华达州的边界并不是严格的南北走向，而是倾斜的，所以位于内华达州最北端的雷诺在加利福尼亚州最南端的圣地亚哥西面。

我的看法则与他们不同，我认为这个错误不仅仅是分层组织上的错误，还是一个感知组织上的错误。在这个例子里，人们似乎会将加利福尼亚州摆正、拉直，这样东西两侧的边界就会变得彼此平行并且南北对齐。感知组织有它自己的偏差，这些偏差非常有可能导致其他判断偏差，这开启了一个关于空间实体记忆和判断失真的研究项目，一个我独自为之努力的项目。

我发现人们会将空间实体的方向旋转到通用参照系的方向上，比如把倾斜的南美和旧金山湾区直立起来；人们会把如南美、北美和欧洲这种大型实体在方向上对齐，这些错误出现在人们判断方向的各种形式之中；人们错误地认为罗马在费城以南，这是因为他们把美国和欧洲放到了同一纬度；人们更喜欢把美国和欧洲对得更齐的世界地图，我在人造地图和斑点图、在成人和儿童中都发现了这类错误。一些人还会认为普通建筑距离地标比地标距离普通建筑更近，这种错误违反了空间距离的欧几里得假设。

其实视角很重要，想象自己在美国西海岸的人所认知的旧金山和盐湖城之间的距离比想象自己在东海岸的人所认知的更大，就好像他们透过放大镜放大了离得近的地标，缩小了离得远的地标一样。人们还会拉直塞纳河。我根据场景知觉的感知加工类型提出了一个有关这些错误起源的理论。当时许多流派就拒绝相信这个理论，直到现在仍是。许多人，甚至那些拥护科学方法的人也很难接受人们会犯系统性的判断错误，他们似乎相信进化或者学习会消除这些错误。

物体的分类层次结构

罗施对分类的开创性研究引发了许多研究问题，这些问题再次与空间思维联系在一起。物体按照类别的层次相互关联，比如椅子是一种家具，厨房椅是一种椅子；葡萄是一种水果，绿色葡萄是一种葡萄。罗施和她的合作者们发现，有一种在不同任务中普遍存在的基本组织层次，即桌子和苹果的层次，而不是家具和水果的层次，也不是咖啡桌和青苹果的层次。他们还发现，人们能列出许多属于基本层次类别的物体所共有的特征，但只能列出少数几个更高层次类别物体所共有的特征，人们能列出的子类别物体的共有特征也不多。基于这些以及其他发现，罗施认为，基本层次在人们必须记住的类别之间的差异数量上来说信息量最大。

我和凯茜·海明威（Kathy Hemenway）获得了这项研究的原始数据和特征列表，我们注意到大多数在基本层次上列出的特征都是物体的组成部分。对于桌子来说，是桌腿和桌面；对于苹果来说，是果皮、果肉和果核。我们意识到，物体的组成部分既是感知特征，也是动作和行为特征。桌腿是向下延伸的、垂直的，用来支撑桌子；桌面沿着水平方向延展，用来放置和支撑各种物品。果皮、果肉和果核都是可识别的，因为它们看起来不同，但它们也有不同的功能，比如果皮保护着苹果，吃起来口感不一样，有时还会被削掉。另外，人们很少把组成部分列在高层次类别水平上，在子类别水平上也不常见。子类别通常有相同的组成部分，但是在组成部分的特征上不同，比如针织衬衫和棉衬衫、绿葡萄和红葡萄。

我和凯茜得出的结论是，组成部分是基本层次的特征，并且是许多其他认知测量方法得到一致结果的原因，这个结论后来也得到了进一步研究的支持。物体的组成部分是从感知到功能的桥梁，是从可以感知的特征到不可感知的特征的桥梁，它们使得人们可以做出从一个特征到另一个特征的推断。功能特征是高层次分类的基础，比如我们可以把物体分为家具、服装、水果、车辆和工具。工具的共同特征是固定和搭建，衣服的共同特征是覆盖身体和保暖，这一点与基本层次的形状特征和组成部分特征不同。

在相关工作中，我们和其他研究者还发现，儿童倾向于按照形状和颜色等感知特征对物体进行分类，或者按照主题进行分类，比如把纸张和剪刀等一起使用的物体分到一组。在西方的教育体系下，儿童只有在开始上学的年龄，才会按照高层次类别的功能特征对物体进行分类。我们进一步发现，如果功能特征之间具有很多共同的感知特征，儿童在更小的年龄就可以按照功能进行分类，这是共同外观能够启动儿童对共同功能的理解的又一项证据。类别、部分和主题似乎是人们对每天遇到的众多事物进行分类和组织的 3 种主要方式。

物体的分类层次结构由它们的种类从属关系定义，比如椅子是一种家具，扶手椅是一种椅子。组成部分构成了另一种层次结构，一种由部分从属关系定义的部分层次结构，比如手指是手的一部分，手是身体的一部分。这两种层次结构都可用来组成人类的大部分知识。政府、企业、学科都有自己的种类和组成部分。我和凯茜使用罗施提供的方法，研究了人们对部分层次结构的理解，我们发现分类层次结构和部分层次结构在基本层次上是一致的。

罗施小组的研究工作集中在可以描述并命名的常见类别上，尤其是物体类别。分类层次结构、部分层次结构和基本层次的概念似乎可以扩展到对人类的存在具有重要性的其他类别上，比如物体的背景、时间中的事件和空间中的场景。罗施开始研究事件，其他人使用她的研究方法继续进行关于事件的研究，并且发现看电影、去饭店吃饭这种事件都是基本层次事件。

几年后，我和杰夫·扎克斯（Jeff Zacks）开始研究事件的组成部分。当时，我和凯茜已经转向研究场景，采用的是与之前罗施的研究工作相同的研究方法。我们发现，室内场景和室外场景属于高层次分类，基本层次场景一般包括学校、杂货店、饭店、海滩、森林和城市。许多年后，计算机科学家，比如李飞飞，利用这项研究成果以及关于物体和事件分类的研究工作，开发了用于高级视觉认知的计算机程序。

我与研究生一起工作的方式

凯茜是我在斯坦福大学指导的第一批研究生之一。像我早期在斯坦福大学合作过的许多学生一样，她是以其他老师的学生的身份入学的，后来才转到了我这里。斯坦福大学的氛围赋予了学生跟想要合作的任何人合作的权利，他们可以和多位老师合作，可以和其他研究生合作，也可以跨学科合作。这种看似混乱的方式其实对每个人来说都是健康的，研究生把老师们聚在一起，而不是彼此分离。

我培养凯茜的模式是一种我后来持续在所有学生身上使用的模式。我们会找到一个我们都感兴趣的基本问题，研究并且了解先前与之相关的研究，提出新的想法，并且开发针对这个想法的研究方法。这就为学生们找到了一个新的研究领域，一个他们可以在自己的科研生涯中继续进行的研究领域。有时学生们会组队，因为组队会奏效，但通常他们并不组队，这就意味着我要为每位学生创建一个新领域，虽然这些领域离我的专业并不太远。我喜欢这种通过每一位新研究生学习和掌握一个新领域的方式，这种互动方式与我的同事们非常不同。通常，老师们有一个他们制订好的研究计划，他们的学生会为其中一个项目工作。我的这种培养方法则会使每位学生在他们继续担任其他学术职位的时候，用他们与我合作的研究项目去创建自己的研究计划，而我则与新的学生一起进行新的研究项目。

看到学生们成为各个领域中有分量的学者，我感到满足，即使有时我有点儿惋惜自己不再参与其中。差不多有一半的学生会带着他们研究生期间的研究项目继续从事研究工作，并且不断扩展他们的研究计划。对一些学生来说，这些研究项目或许会成为他们的终身事业。还有一些学生把他们学到的东西应用到各个领域中去，比如在技术领域有所建树。我有两名学生毕业后从事认知强化程序的开发工作，一名学生开发了基于感知和认知的艺术教育程序，另一名学生则从事视觉设计工作。

最终，我拥有了一个由四五名研究生和一两名博士后组成的研究小组，这个研究小组的成员数量基本稳定，而人员常常变动。由于不同的研究重点之间是相关的，所以我们的实验室会议既生动又富有成效，总之就是非常有趣。对我们的课题感兴趣的其他老师的学生通常也会来参加。斯坦福大学所营造的跨越空间交流的氛围也促进了跨越时间的交流，高年级的学生会照顾低年级的学生，训练他们学习做研究。这种培养新人的传统还能追溯到更早几代的研究生中去，学长学姐会在年会上，尤其是心理科学学会的年会上和现在的研究生们见面并帮助他们。

开启与现实世界相关的研究

我们做的研究总是与他人的研究相关，但同时我们的研究也总是与现实世界的经验相关。**我的思维习惯是首先考虑重要的现实世界任务，然后思考如何把它们抽象成实验室任务，从而捕捉现实世界任务的本质。**这是一个有来有往的过程，选择重要的现实世界任务并抽象出其本质促进了学科之间的联系。许多其他学科的研究者找到了我，我们进行了一系列富有成效的合作。

地图对地理学家和从事图形、人工智能与人机交互研究的计算机科学家而言是有趣的。在更广泛的维度上，图表对博物馆馆长以及各个领域的科学家和工程师来说是有趣的；草图对建筑师、艺术家和设计师来说是有趣的；事件对电影制片人、戏剧家和作家来说是有趣的；手势和身体语言对语言学家、瑜伽教练、舞者和演员来说是有趣的。这些合作通常以令人兴奋的交谈形式出现，有时以联合研究的形式出现。

观点和方法的交流带来了各自领域的洞见。我们对认知地图的偏差研究为地理学家和研究人工智能以及信息可视化的计算机科学家提供了参考；我们对物体、类别以及后来对事件的研究为哲学家和许多人工智能研究者提供了参考。由于我们在对空间的研究中始终将空间思维和表达、语言进行比较，所以这项工作引起了语言学家、哲学家、各个领域的计算机科学家，还有作家的注意；我们对地图的研究引发了我们后来对各种图形的研究，也引起了哲学家、语言学家、计算机科学家、数学家、建筑师、工程师、领域科学家、设计师和艺术家的兴趣；我们后来对图表的研究引发了我们对手势的研究，而我们对手势的研究又引起了语言学家、哲学家、数学家、计算机科学家、艺术家、漫画家、舞者、设计师、演员和导演的兴趣。我肯定遗漏了什么，但没关系，重点在于这张联系网的传播方向是双向的，我从其他研究者那里学到了很多。

解释每个项目从哪里来、做了什么、走向何处需要花费太多笔墨了，我必须长话短说。无论如何，大部分研究已经发表或者很快就会发表。相反，我会继续介绍引发项目的思考和已经完成的项目所引发的事情。研究主题不断重复、扩展，且相互关联。每一组想法都需要我们为之发明一个新的研究范式，使我们既可以提出感兴趣的问题，又可以概括现实经验的核心。

我们已经研究了面孔、物体和空间关系在绘画和语言中的表达，每个主题都有很多内容。我和达芙娜·芭拉茨（Daphna Baratz）发现，人们识别照片中的面孔比识别漫画中的面孔更快，并且人们认为照片比漫画更能体现人物的特征。一些已经发表的研究认为，简笔漫画更接近于我们对熟悉的人脸的心理表征，但这一观点是有缺陷的。我们对人脸的心理表征或多或少是写实的，而不是漫画式的，因为我们需要在不同的姿势、表情、发型、服装甚至衰老等条件下识别它们。

对事物的表征

目击者记忆

对面孔的研究将我们带到了目击者证词这个话题上。美国著名认知心理学家、美国三院院士伊丽莎白·洛夫特斯（Elizabeth Loftus）是第一个发现目击者记忆可以被后期质询改变的人。她认为后期质询所灌输的记忆取代了原始记忆，但这一点一直让我感到不对劲。这种现象看上去更像是一个经典的干扰范式，比如你混淆了昨天和今天停车的地方，或者在必须记住人名或者电话号码的时候反而搞混了它们。

在我指导的迈克·图钦（Mike Tuchin）的荣誉项目中，我们揭示了这个现象。我们对比了人们对看过的原始选项、我们建议的选项和全新的选项这三类不同选项的记忆，所有选项都是人们熟知的罐装苏打水的品牌，其他条件均保持一致。我们发现人们会对我们建议的选项产生错误记忆，对他们看过的原始选项保有一些正确记忆，对全新的选项没有任何记忆。这表明，人们对原始选项和建议选项的记忆存在着变化的可追溯性。

组成部分标志基本水平

我关于面孔记忆的博士论文研究以及凯茜关于常见物体的表征和组织方式的研究，自然而然地引导着我用其他方式看待物体表征。对称性是一个长期以来引起数学家、哲学家、生物学家、艺术家、建筑师和普通人兴趣的特征。大多数生物都至少有一个明显的对称轴。对人类来说，这个轴是垂直的；对比如花朵之类的一些生物体来说，它们的轴是对称的。许多为了供人使用而设计出来的物体，还有其他生物，比如狗，与人类一样具有双侧对称性。

我们能看到许多事物都是对称的，因此人们对对称性的期待是普遍存在的。我们想知道这种期待会不会造成感知和记忆上的偏差。事实上，答案是肯定的。我和迈克·麦克贝思（Mike McBeath）还有黛安娜·斯基亚诺（Diane

Schiano）一起，发现人们会将无意义的物体，比如黑色的锯齿形状，解释成对称物体被转动过后的视图。我和珍妮弗·弗赖德（Jennifer Freyd）发现，人们记忆中略微不对称的图像会变得更加对称，而明显不对称的图像则不会出现这种情况。因此，人们的记忆中存在一种对对称性的期待，但这仅适用于被归类为具有对称性的物体。

我对地图的研究揭示了感知组织导致地图表征偏差和地理表征偏差的原理，那么，概念偏差的存在似乎也是一件很自然的事情。为了证明这一点，我和斯基亚诺向两组被试展示了一条处于一对相互垂直的线之间的斜线。我们告诉第一组被试，他们看到的是一幅图表，告诉第二组被试，他们看到的是一幅捷径地图。

将这张图视为图表的第一组，他们记忆中的斜线角度更接近于 45 度，这在图表理解研究中是一个很自然的结果。将这张图视为地图的第二组则没有出现这种偏差，但之前的工作已经表明，在这种情况下人们记忆中的斜线更接近水平或者垂直状态。

从内部看身体

我们的身体也可以看作一种物体，但是身体在认知上与其他物体有很大的不同。我们从内部和外部同时检视身体，能知道身体内部如何运作、如何感受。我和莫里森发现，人们对身体的心理表征与对物体的心理表征不同。大小对物体表征来说很重要，人们获得对大部位的表征比获得对小部位的表征更快。对于身体而言，人们获得对功能上更重要的部位的表征比获得对那些虽然体积比较大，但是功能上没有那么重要的部位的表征更快，比如人们获得对头和手的表征比获得对腿和背的表征更快。形成身体心理表征的偏差与形成我们对平时穿梭其中的大空间的心理表征的偏差是不一样的。然而，重要的是，这两者都是我们对世界的感知以及我们身处其中的动作的产物。接下来，我们会继续探讨物体空间、面孔空间、身体空间以及我们穿梭其中并与之互动的空间，还有许多其他空间和事物。

描述和视角

视角是在我的研究中屡次出现的重要主题，因为它是我们的生活、我们对生活的表征、我们对生活的记忆的重要主题。我们的直接经验来自我们此时此刻的即时视角。因此，一代又一代空间认知和发展心理学研究者认为，人们会即时地、自然而然地采用自己的、以自我为中心的视角，而采用其他视角，无论是另一个人或者另一个事物的视角，还是一个俯视的视角、环境的视角或者非自我中心的视角，都需要额外的努力。

我们一次又一次地指出，在语言、行为和草图研究中，事实并非如此。人类、啮齿动物以及其他物种，都会迅速对自己周围物体的空间关系形成非自我中心表征，哪怕他们是从自己所处的时空位置观察世界。在某些情况下，人们采取正在观察的人的视角比采取自己的视角更加有效。一些关于变化盲视现象的研究表明，即使是从人们自己所处的时空位置观察到的视角，也是人们从内部创造出来的。人们感觉自己看到了周围的世界，但这种感觉是一种心理建设。人们注意和记住的东西远远不如他们认为自己能看到的那么多。后来的神经科学研究表明，啮齿类动物和其他物种会在大脑中创建对周围环境的无视角表征，但这项研究的出现要晚得多。

自我中心与非自我中心，路径与勘测

我和霍利·泰勒（Holly Taylor）一起开始研究仅通过描述建立的心理表征。具体而言，这些描述是以路径或勘测视角对环境进行的描述，这也是语言学家和地理学家感兴趣的话题。每个人都会使用一套自己的术语来进行类似的划分，搞清楚这一点需要大量的阅读和讨论。

我们根据先前制作的小镇、动物园和会议中心的草图创建了这些描述，后来又加入了对被试可能会遇到的其他环境的描述。路径描述，或者说自我中心描述，又或者说相对描述，将读者“你”带入一次空间旅行之中，把你从一条路径移到另一条路径，把物体放置在你的前后左右。勘测描述，或者说非自我中心描述，又或者说绝对描述，将地标按照彼此的相对位置进行东南西北的方位定位。被试采用路径或者勘测视角多次阅读每段描述，但在测试时会从两个角度进行测试。

我们发现，就被试的反应速度和准确性而言，从被试没有阅读过的视角进行的旧陈述与从被试阅读过的视角进行的新陈述结果相当。被试实际阅读过的陈述只需要较少的时间来验证，并且准确率很高，这可能是因为被试对它们进行了两种表征：一种是基于词语的表征；另一种是他们在脑海里根据这些词语建构出的空间表征。后来，我和李发现，在学习过程中，被试对相同视角进行验证的速度更快，但他们一旦学习了描述中所涉及的环境本身，这种同视角优势就消失了。

当人们被要求描述他们从地图或者经验中学到的环境时，他们往往会把各种视角混合起来，尽管许多语言学家和心理学家都声称视角从头至尾都应该是一致的，切换视角会增加说话者和听众的认知负担。

然而，通过改变环境的空间结构，我和泰勒发现空间结构的局部特征会影响视角选择。被试更喜欢用勘测视角对具有多层组织结构的环境进行描述，比如，山川河流这类大型特征、主要街道或次级街道等。相比之下，被试更喜欢用路径视角对只有单层组织结构的环境进行描述，比如街道连成的网络。同时具有两者特点的环境更可能引发混合视角描述。

卡伦·埃莫里（Karen Emmorey）致力于研究美国手语，她对视角尤其感兴趣，因为美国手语使用空间来表达。我们发现，手语者更喜欢勘测描述，而不是路径描述，很可能是因为手语的语法要求他们在空间中创建一个类似于俯视桌面的勘测视角来定位各种地标，这是视角选择的又一个决定因素。

描述和描绘

我与李合作推进的另一个项目对路径描述和路径草图的语法、语义和语用进行了比较。我们在宿舍楼外拦住要去吃晚饭的学生，请他们写一段描述或者画一张草图来描绘如何从他们的所在地到一家受欢迎的快餐店。尽管外部形式非常不同，但描述和描绘具有相似的抽象结构，两者使用相同的语义元素，比如用名字、形状或者点来表示地点，用名字或者线条表示路线。

虽然学生们可以在草图上画出一个模拟场景，但他们没有。距离不是具体的数值，而是被进行了近似，转弯也是一样。在描述中，转弯被表述为“转一个弯”或者简单的“转弯”。在草图中，每个弯大约都是 90 度，虽然它们在真实世界中有各种各样的角度。草图中既有直路又有弯路，这些都是近似的描绘。描述中的语言也很类似。在提到直路的时候，被试会说“往下走”；对于弯路，他们会说“沿着它走”。

但语用就不同了，你可以在描述中跳过某些信息，比如你不需要在转弯处重复道路的名字。为了信息的连贯性，你不能在草图中跳过某个部分，而语义和语法的相似性说明，你可以自动从其中一个跳到另一个。我们认为这些发现同样适用于其他领域的图表，比如电路图或者分子图。后来，我们与化学、生物、地理和人工智能领域的研究者一起探讨了类似问题，与对人工智能的定性推理感兴趣的研究者的交流格外令人兴奋。在我们展示人类定性推理证据的同时，他们正在开发定性推理的工具。再后来，我们与研究草图和图表的人工智能研究者进行了富有成效的合作。

你的视角还是我的视角

关于视角的研究工作又出现了一个有希望的转折。当时我们已经开始研究自我中心视角和非自我中心视角，但是视角的分类中还存在“你的视角”和“我的视角”，两者都是自我中心视角。这引起了我们与社会心理学家和社会神经科学家开展深度合作的兴趣，毕竟语言的进化在很大程度上是为了促进社会交互，这与乔姆斯基将语言视为大脑的自言自语的观点几乎相反，但现在，语言具有社交性的观点已经成为学界的主流。

我和梅因沃林发明了一个秘密特工任务。“你”和“我”是卧底特工，正在试图解决一起犯罪案件。时间定为 20 世纪 90 年代，我们只能通过简短的文本信息进行交流。我知道珠宝或者炸弹藏在哪里，需要告诉你；或者你知道这些信息而我不知道，我需要问你。我会使用谁的视角呢？结果发现，我会使用你的视角，不仅仅是因为这样做很礼貌，更是因为你正在承受着更大的认知负荷。

我们的认知负荷在研究中会有所变化，当我的认知负荷更高时，我的视角会被优先选择。并且我喜欢用“近”和“远”这样的词汇，避免使用“左”和“右”，因为后者理解起来更难。当时，大岸素子从日本来到斯坦福大学加入了我的研究组。她后来在日本复现了这项工作，得到了完全相同的结果。即使在日本这种注重礼仪的国家中，认知负荷仍然是决定使用你的还是我的视角的最重要因素。

空间心理模型

在阅读的时候，很多人会觉得脑海中像在放电影。在看小说的时候，我们“看到”角色在场景中来去和互动。有时候，当我们看一部根据我们喜欢的书改编的电影时，会觉得电影看上去有点儿不对劲。对非小说类书籍而言，我们会想象那些论点或者物理、政治、生物“角色”在空间中的来去和互动。找到语言可以创造空间心理模型的证据是一项挑战，我、泰勒和南希·富兰克林（Nancy Franklin）分别在两个研究项目中，使用不同情境和研究方法对此进行了研究。你已经在前文中读过我和泰勒的研究了。我、富兰克林和后来加入的大卫·布赖恩特（David Bryant）一起创作了一些故事，我们把“你”放置在一个三维环境中，比如歌剧院或者谷仓，然后把物体放置在你的头、脚、前、后、左、右。故事中的你随后在环境中转身，有时会大头朝下，然后你需要回答相对于你身体的这些位置上的物体都是什么。

人们能够轻松地完成这项任务以及我们最终尝试的许多变体任务，我们真正感兴趣的是人们获得围绕着他们身体的各个位置的物体信息所需要的时间。

一个普遍的发现是信息获取取决于身体轴线的相对显著性和重力。身体的头－脚和前－后轴线在外观和功能上都是不对称的，在很大程度上，身体的感知装置是向前定位的，重要的特征位于上方，也就是在头的里面。手和脚的动作往前比往后更加协调。头－脚轴线受到重力的推动，与直立的身体垂直对齐，身体的左－右轴线则几乎对称。

确实，我们大多数人都惯用右手，这种不对称性对一些动作来说非常重要，虽然在视觉上并不显著。因此，当故事情境中描述的是直立的身体的时候，人们获取头部和脚部物体的信息最快，其次是前侧和后侧的物体，最后是左侧和右侧的物体。但是，当故事情境中描述的是俯卧的、不与重力方向对齐的身体时，人们获取位于身体前侧和后侧物体的信息最快，其次是位于头部和脚部的物体。这个理论的变体适用于情境的变化，包括两个观察者之间视角的交替。

这项研究扩展了我们想象身体的角度和方式，以及身体处于空间之中的视角。身体由身体的各部分构成，身体的各部分又由组成它们的更小部分构成。身体有三个正交轴，可以认为身体占据着空间中的某个位置，或者占据着空间中具有特定方向的位置。身体可以在空间中转换自己的位置和方向，可以转换自己的整体动作，也可以转换某个部分的动作，所有这些都在想象中完成。关于转换这件事情，我们还有很多东西要讲。

空间转换

变化可以在想象中产生，空间可以在思维中转换。我在斯坦福大学的朋友兼同事谢泼德因其在心理旋转上的研究而受到关注，心理旋转即想象物体在空间中的旋转，但是旋转只是物体或者身体在空间中的许多转换方式之一。我和扎克斯的研究表明，想象物体的心理旋转和身体的心理旋转在脑区和认知技能上是非常不同的。我们是从外部观察物体，但是从内部理解身体的旋转。为了理解一幅伸着一只手臂旋转的身体的图片，你需要想象自己处于这种姿态和方向，从而判断出伸出的手臂是左手还是右手。

此外，还有其他许多类型的空间转换。比如解决几何类比问题，在智力测试和日常测验中都很常见，这个问题很依赖对空间转换的想象。我和诺维克邀请了很多被试解决几何类比问题，并要求被试告诉我们想象各种空间转换的顺序。想象空间转换的顺序对结果来说并不重要，但我们想知道被试偏爱其中一种顺序而不是另一种是否有认知上的原因。事实也的确如此。我们发现人们对顺序有着强烈的偏好，当我们要求他们按照不同的顺序解决类比问题时，他们需要的时间更长，犯的错误也更多。被试偏好的顺序是这样的：

移动，改变方向（旋转、反射），删除某个部分，添加某个部分或者改变大小，颜色

这个顺序困扰了我们好几周，因为很难弄清楚为什么是这个顺序。不可能是因为人们在观看图像时首先完成最难的转换来减少认知负荷，因为移动是最简单的转换，是处于第一位的；也不可能是因为人们从最简单的开始，然后再去完成更难的转换，因为旋转和反射是最难的转换，但处于第二位。所以，无论是简单还是困难的转换，减少认知负荷都无

法解释被试偏好的顺序。

时间就这样一天天、一周周地过去了。突然间，一个想法出现了：素描。这就是答案！首先，你必须在开始素描之前决定铅笔要放在哪里，这就是移动。其次，你要决定把笔移动到什么方向，这就是旋转和反射。再次，是一条线要画多长，这是添加或者删除某个部分。最后，几何类比的答案是构建一张图像，是脑海中内化的素描和内化的动作。内化的动作是内化的感知的反面，这是谢泼德和科斯林对视觉想象的观点。我们利用内化的动作去想象或者解释如何从 A 到 B，如何制作一个煎蛋卷，如何计算平方根或者如何横翻一个筋斗。在体育中这被称为视觉练习，不过这是另一个需要更多研究的领域了。

许多年后，我和计算机科学家一起用增强现实和虚拟现实的方式来引导人们完成各种日常任务，比如导航、组装和维修，其中很多任务涉及旋转和移动等心理转换。这些任务的说明往往难以理解，因此使用增强现实的方式，把隧道、线条或者箭头叠加到显示器上，从而引导用户的手、眼睛或者身体，就能够提高他们的表现。最近，这个小组开始利用眼睛的注视和手部的动作来推断用户正在规划的动作，并利用这些推断在时间和空间上部署操作线索，从而提高用户表现。这项工作采用具身的方法进行人机交互研究，接下来我们还会继续讨论这个话题。

创造世界上的空间：图表

在任何学术领域，或者说在任何领域，会议都非常有用。通过会议，你可以正式或非正式地了解他人的工作，也可以建立友谊和合作关系，二者通常是一回事。你可以把你的学生介绍给更资深的研究者，你也可以见到他们的学生。会议就像一个学术迪士尼乐园或者学术主题公园，但又好得多。你可以展示自己的工作，这是一个可以把多个研究项目整合成一个连贯框架的机会，而这个框架可以指导你未来的工作。

我曾受邀在一次关于记忆的国际会议上做演讲，在准备中我意识到我研究了 3 种空间：身体空间、手或者眼睛可以触及的身体周围的空间以及我们穿梭在其中的更大的空间。第 3 种空间必须由不同的经验衍生组合而成，当然也可以通过描述和地图进行组合。每种空间都有自己的偏差，这些偏差是我们的感知和行为的结果。

当时，受到好奇心的驱使，我已经开始研究第四种空间，也就是由我们自己创造的用来增强自身认知的空间。我贪婪地阅读着画在洞穴墙壁上、刻在石头上、雕在骨头上、压在黏土上的图像信息，阅读了象形文字系统的起源、没有文字的美洲原住民制作的图片信函和文件，研究了古代和现代的地图、图表和草图，发现洞穴壁画、图表和草图捕捉世界的方式与艺术是如此不同。它们与现实主义无关，而是与信息有关。这是一次孤独的求索，它引领我进入了未被发掘、正在等待研究的领域。这些图表是怎样被创造的？它们服务于怎样的目标？它们如何传递意义？

认知和书写方向

书写的历史是迷人的。话语转瞬即逝，要怎样以更持久的方式向他人传递思想呢？在许多不同的地方，一切都从图片开始。用图片记录思想的方式直到 20 世纪仍在使用，有时以场景的形式出现，有时是系列的描绘。这种表示思想的形式将意义直接映射成页面上的标记。但这套系统很快遇到了麻烦，比如有很多概念我们可以谈论，但是无法描绘。

书写就像说话一样，处于不断演变的过程中。很多被广泛使用的语言发展出了解决这个麻烦的方法，比如中文，有时是通过惯例，有时是通过描述声音。字符为了易于书写而变得风格化，同时也失去了与它们所代表的东西的直接相似性。即便是这样，中文仍然被数十亿读者阅读着，这些读者通常说着不同的语言，包括普通话和广东话，有的读者甚至说的是其他国家的语言。这是表意文字书写系统的一个优势。

另一个只有少数人能体会到的优势是诗歌中的视觉押韵，还有另一种把思想放到页面上的方法，即映射声音，而不是映射意义。所有已知的语言都只有有限数量的音素，不多于 50 个，这使得映射声音变得经济实惠。如果想要阅读中文报纸，你需要知道两三千个字符；受教育的过程中你会学到大约 4 倍于此的字符。有趣的是，表音映射出现在表意文字之后，并且只在地中海东部地区被发明过。表音系统非常高效，以至于其他语言也开始用它进行书写，当然，不同语言会不可避免地采用从声音到字母的不同映射，有时还会添加或者删掉一些字母，或者改变它们的形状。使用字母表可以轻松映射那些无法描绘的单词，但这也意味着只有会说那门语言的人才能阅读那些文字。

各种字母表的一个显著区别是书写的方向。传统中文和日文都是竖排书写的，其他大多数语言都是横排书写的。发明字母表的古代中东地区所使用的语言，尤其是希伯来语和阿拉伯语，是从右到左书写的，欧洲语言则是从左到右书写的。将意义映射到空间的方向是否会产生超出书写之外的影响?

我们开始了一些非正式实验，让人们把时间、数量和偏好以图表的形式表现在页面空间上。20 世纪 80 年代中期，在以色列度过的学术假期给了我一个系统性探索书写和阅读顺序的影响的机会。幸运的是，我的一位亲密的朋友，也就是创办了希伯来大学心理学系的桑尼·库格尔马斯（Sonny Kugelmass）对这些想法很感兴趣，一位研究生阿塔利亚·温特（Atalia Winter）也对此表示了兴趣。在以色列，我们可以接触到以希伯来语和阿拉伯语为母语的儿童和成年人。回到斯坦福之后，我把美国儿童也加入了研究对象的组合之中。

研究学龄前儿童的时候，我们会坐在孩子们身边，在桌子上放一张正方形的纸片。如果是研究时间，我们会让孩子们想想他们吃早餐、午餐和晚餐的时间；如果是研究数量，我们会让他们想想一把糖果、一袋子糖果和超市中一货架糖果的数量；如果是研究偏好，我们会让他们想一种喜欢的食物、一种不喜欢的食物和一种可吃可不吃的食物。我们在纸片的中央贴了一张贴纸用来表示午餐时间、一把糖果和可吃可不吃的食物，然后让孩子们用贴贴纸的方式表示另外两个更极端的事物。

孩子们知道我们想要什么。有些学龄前儿童会把贴纸胡乱地贴在纸片上，但有一些会把贴纸贴在一条直线上，就像大多数年长一些的孩子和大人做的那样。

有趣的是，只有对时间的映射反映了人们的书写顺序，英语使用者从左往右，阿拉伯语使用者从右往左，希伯来语使用者则是左右顺序一半一半，这可能是因为希伯来语学校教算术是从左到右，也可能是因为人们和欧洲语言的接触，或者可能是因为希伯来字母是从左往右写的。无论说哪种语言，人们对数量和偏好从左往右、从右往左、从下往上的顺序都差不多，他们会避免从上往下表示增长。

把好的事物向上映射似乎是普遍存在的，这一点不仅在图表中成立，在语言和手势中也是如此。我们说某人处于顶峰或者陷入沮丧，并且说话的同时用手势表示方向。这种对应关系可能源于重力，克服重力向上需要资源、力量、权力或金钱。水平轴上没有重力，没有世界上的强烈偏差，即使大多数人都惯用右手。也就是说，水平轴更加中立，对文化的影响更加开放。这个项目引起了人们对这些效应的大量研究，尤其在对数字的研究方面，这些研究甚至发展成类似作坊手工业的规模。

动画

回到斯坦福大学之后，我与一位研究生朱莉·莫里森（Julie Morrison）和一位来自法国的博士后米雷耶·贝特朗古（Mireille Betrancourt）展开了合作，他们都对动画感兴趣。动画似乎特别有助于解释时间上的变化，比如天气或者其他科学现象。动画采用的形式和呈现的内容是一致的，直接用时间上的变化来解释时间上的变化。

在开始研究之前，我们回顾了大量不成系统的关于动画对学习的影响的文献，其中许多对动画和图示的比较都存在着混淆，因为两者的样式本身就存在不同。我们找到了近40项不存在混淆的研究，令人惊讶的是，没有一项研究发现动画有优势。

我们进一步研究了这些动画，发现许多动画播放得太快或者没有进行适当的注释，更重要的是，它们只进行了展示而没有进行解释。我们继续用设计得更好的动画进行了一些研究，虽然这些动画也并不比图示更好。当然，我们听到了一些反对的声音，但我们的研究确实使人们开始注意设计有效动画的挑战性。有效的动画需要同时满足一致性原则和理解原则，后者指信息应该被轻松且正确地感知和理解。

语义：图表中的线和条形

到了这时，我们已经非常渴望探索图形的广阔世界，包括地图、图表、图示、图解、草图和漫画等。我们想要了解它们如何被设计、如何被感知、如何被理解，以及空间-视觉交流的根本结构是什么。我们从与泰勒和李合作进行对草图的研究中获得了线索。草图像网络一样，由点和线组成，但还要加上其他一些东西。

另外一些线索来自比较条形图推理和折线图推理的研究。我和扎克斯发现，人们会将图表中的线理解为关系。线上的两点 A 和 B 共享同一个维度，但在这一维度上有不同的值。人们还会把条形理解为收集 A 和 B 并把它们分开。线导向关系，条导向离散比较，反过来也走得通。当我们让人们用图表表示离散比较时，他们会画条形图；当我们让他们绘制表示关系的图表时，他们会画线。视觉形式控制的是理解，而不是数据的含义。

语义：加入箭头

我们已经有了一套语义词汇的雏形，点表示地点和想法，线表示地点或者想法之间的关系，方框表示地点或者想法，然后往其中添加图像、图片、象形图和符号等。这些点、线和方框，各自有其在世界中的含义，同时也可以表示抽象的想法。许多类型的视觉说明都可以从这套词汇中创建，比如地图、网络、层次结构、表格、图示或图解。我和海泽往这个视觉词汇中加入了箭头，虽然点、线和方框也出现在了古代的图表中，但箭头似乎是 20 世纪的发明，古代图表中有时会用手和脚来替代。箭头确实与自然界有一些联系，狩猎会使用箭头，小溪汇成河流时也会形成箭头。

我和海泽让学生们解释自行车泵、汽车刹车或者滑轮系统的图解，这些图解有的有箭头，有的没有。对于没有箭头的图解，学生们会给出结构性的描述，也就是每个部件相对于彼此的位置；对于有箭头的图解，学生们会给出功能性的描述，他们从头到尾描述了图解所示的行为或者因果关系。箭头的意义是否像线条一样，是双向的，不仅可以被解释，而且可以被创作？我们向其他组的被试展示了对这些系统的结构或者功能的描述，并且让他们画出图解。功能性描述得到了画满箭头的图解，而箭头却没有出现在任何一幅结构性描述的图解中。箭头从结构到动作完全改变了图解的意义。

语义：循环

物理的、机械的、生物的或者社会的许多系统，都可以用循环来理解或解释，而非线性的过程，比如细胞的周期、一天、一年。循环通常会被描绘成环形，事实上，这两个词有着共同的起源。我和安杰拉·凯塞尔·诺埃尔（Angela Kessel Noel）好奇这种描绘是不是自然而然、不言而喻的。我们发现人们很容易将环状图解理解为循环，但当我们让他们在纸上画出细胞的周期或者一粒种子从开花到结果的过程时，大多数人画的是线性图解。我们尝试了很多种描述事件的方式，结果是我们可以增加环形图解的数量，但大多数图解仍然是线性的。在思考我们的发现时，我们意识到事件的顺序在时间上是线性发生的，因此要把它们视为重复的循环需要抽象和逆转时间。我们不禁好奇，用环形图和线性图来解读循环事件哪个更好，但我们把这个问题留给了其他研究者。

空间能力

我和海泽对空间能力也很感兴趣。空间能力通常通过心理旋转任务来测量，并根据中位数将其分成高和低。心理旋转虽然与许多空间任务的表现相关，却无法预测许多其他任务的表现。空间能力像语言、数学和运动能力一样，不是单一的，而是由一系列相对独立的能力组成。

为了进行这项研究，我们设置了 4 个实验组，每一组都被要求学习上段提到的系统的信息，随后我们对每个系统的结构和功能的理解进行测试。一些被试学习的是带箭头的图解，一些被试学习的是没有箭头的图解，一些被试读的是结构性描述，还有一些被试读的是功能性描述。

高空间能力和低空间能力的学生都能从两种类型的图解和描述中学到这些系统的结构。同样，高空间能力的学生很容易就从两种类型的图解和描述中学到了这些系统的功能性信息。相比之下，低空间能力的学生能从两种类型的文本中学到功能性信息，但无法从图表中学到。

结构信息在图表中显而易见，因为空间关系被直接描绘了出来。关于功能、行为和因果的信息则需要从图表中进行推断，因为这些信息并不是直接可见的。这一发现在象棋、音乐、电路图、建筑草图等的图解中也有体现，从图解中推断出因果、行为和其他含义需要天赋或者训练。这一发现和其他类似的发现对教学是有启示的：同时用图解和描述提供信息能够帮助低空间能力的学生，教低空间能力的学生如何理解并创建图解和视觉说明同样能帮助他们。

清晰的图表：视觉说明

与此同时，一位计算机图形学系研究生马尼升·阿格拉瓦拉（Maneesh Agrawala）和我在同一条街上工作，他对路线地图产生了兴趣并找到了我。他注意到在线驾驶地图的质量很差，当时是 20 世纪 90 年代中期。当时的在线地图与纸质地图类似，成比例显示大面积的地理区域，包括高速公路和城市，但大部分信息对于从 A 到 B 的特定路线来说不是必需的。更重要的是，从 A 到 B 所需要的信息，比如从 A 到高速公路、从高速公路到 B 在地图上的信息是缺失的，因为地图上只有一个比例。

像我和李收集的那些草图要更有用，因为它们抽象并且简化了有用的信息，削减了对寻找路线没有用的信息，毕竟这些信息杂乱地堆砌在一起，会使找到关键信息变得更加困难。开发出里卡特－阿格拉瓦拉分布式算法的阿格拉瓦拉和另一位研究生克里斯·斯托尔特（Chris Stolte）开发了另一种算法，能够快速地按需生成类似草图的地图。这种算法迅速占领了整个领域，并树立了一个高标准，算法背后的认知设计原则更是如此。我们从人类对草图的制作和使用中发现，路径和转弯对于地图来说更为关键，确切的距离和方向并不那么重要。节点处的路径和转弯在心理表征和大脑表征中都是必不可少的信息，正如我们注意到的那样，它们是可视化语义的基本组成部分。

我们在这项研究的基础上创建了一个程序，用来揭示认知设计原则，并且用它们来指导设计有效的视觉说明。我们称之为 3P 原则，3P 即生产（production）、偏好（preference）和表现（performance）。以我和海泽为代表的认知心理学家与计算机科学家合作，在阿格拉瓦拉的带领下，和 2019 年图灵奖获得者、斯坦福大学计算机图形学实验室教授帕特里克·汉拉恩（Patrick M. Hanrahan）的实验室其他成员一起，先选择了一个日常任务，那就是组装一个电视推车。在这个任务中，视觉说明往往是有问题的。

我们的第一步是生产，就是邀请有经验的用户设计图解。他们利用需要组装的部件和印在盒子上的电视推车的成品照片完成组装，获取经验。我们注意到被试设计的图解之间出现了一些共同的关键特征。第二步是偏好，即向新的有经验用户展示带有各种关键特征的图解，请他们评估每种图解的有效性。如果他们选择了关键组件，我们就继续制作包含这些特征的图解，并将这些图与其他包含较少关键特征的图解在提高表现的作用上进行比较。

物体组装的认知设计原则是一步一步来的，每个新步骤都会通过添加一个新部件、展示动作的新视角、添加如箭头和指导之类的描绘性特征来示范和指导组装所需要的动作。

令人印象深刻的是，计算机图形学的合作者将这些特征实例化成了一个算法，可以自动并快速生成有效的视觉说明。该算法从要组装的物体的模型开始，将其分解为各个部分，然后构建出与各部件组装难易程度相协调的图解。这个算法是通用的，它几乎可以为任何物体生成视觉说明。他们尝试为乐高生成视觉说明，因为乐高的说明是一个黄金标准，不使用文字就能被世界各地的几代儿童使用。最终，我们的算法成功给出了一份乐高说明书。

我们屏住呼吸，开始评估算法的表现，看它能不能打败包装盒里附带的说明。之前人机交互、教育和行为学的很多评估和干预方法都没有显示出差异。就说明书而言，人们通常能够理解哪怕质量很差的说明，不过包装盒里附带的说明也并不糟糕。最终的结果是，由实例化认知设计原则算法生成的说明的确打败了包装盒里的说明，使用算法说明的小组完成得更快，也更准确。

我们发现的这个能有效提高视觉说明实用性的认知设计原则适用于许多类型的视觉说明，可以用来解释各种随时间发生与变化的过程和现象，无论它们是科学的、机械的还是行为的。

还有一个关于空间能力的小故事。我、海泽，还有达妮埃尔发现，高空间能力的人既能制作出更好的视觉说明，又能更快、更准确地组装电视推车。我们让不同组被试只用绘图，同时使用绘图和文字，或者只用文字来制作说明。令我们惊讶的是，高空间能力的被试制作出的文字说明也更好。这些文字说明的优势在于它们强调组装所需要的动作，而低空间能力的被试则忽略了很多动作。显然，低空间能力的被试在想象组装所需的动作序列或用语言表达这些动作时有困难。

杂乱的图表：草图

清晰度是帮助人们找到方向，组装从家具到电器等物品，理解地图、图表、图解和图示的关键，这就要求对必要的信息进行抽象、描绘和扭曲，添加有用的符号和文字，去掉不必要的信息。伦敦地铁图一直以来都是一个良好设计的典范。然而，在一些情况下，清晰简洁的可视化也可能没有用，设计就是一个重要的例子。

一位计算机科学家諏访正树作为博士后加入了我的实验室。他想学习认知科学的方法，也热衷于研究建筑师，尤其是建筑师如何与他们的草图进行互动。他招募了两组人，一组是经验丰富的建筑师，另一组是新手建筑师。他给两组人设计了一个非常受欢迎的设计任务，即在一个特定地点设计一个博物馆。按照惯例，建筑师画了草图，模糊的草图伴随着他们模糊的想法而出现，这是包括建筑师在内的许多设计师的典型做法。

设计师们通常会回顾他们的草图，因为大脑很善于对模糊的草图进行重新配置，因此他们经常在自己的草图中发现新的东西。他们在草图中看到了之前没有想到的东西。我和正树发现，这是一个富有成效的循环：**新的东西导向新的想法，新的想法导向新的发现。**

经验丰富的建筑师在这方面比新手更为擅长。新手可以使用草图中的标记，他们可以寻找模式或者追踪路径。经验丰富的建筑师则可以从草图的标记中推断出一些实际上没有画出来的东西。他们能够推断出，或者甚至可以看到，冬天光线会很差，或者交通流会导致交通拥堵。进行概念推理需要专业知识或天赋，甚至两者兼而有之，这个发现与视觉表征的其他研究结果是一致的。象棋专家可以根据中局棋盘做出新手无法做出的推断，经验丰富的音乐家也可以对乐谱做出新手无法理解的改动。当然，经验丰富者和新手对口头解释的理解无疑也是如此。

我和正树在对建筑师实地研究的基础上，继续对经验丰富的设计师和新手设计师进行了一系列研究。我们为两组设计师呈现了一系列模棱两可的绘画，让他们尽可能多地提出对每张画的理解，结果经验丰富的设计师比新手设计师找到了更多的理解方式。

在其他实验中我们发现，提出新的理解依赖于两种独立的技能：一种是在复杂绘画中找到简单的部分，这是一种感知技能；另一种是找到远距离的语义关联，这是一种概念技能。这两种技能放在一起特别有用，我们将这个过程称为“建设性感知”，即主动利用感知来服务于思维，服务于寻找新的想法。我们还询问了被试是如何找到新的理解的，许多成功找出新理解的被试说，他们是通过重新配置绘画的组成部分来获得新理解的。

在这项工作的基础上，我和朱丽叶·舒（Juliet Chou）为“找到模棱两可的绘画的新理解”这项任务提供了一些提示。我们鼓励一组被试使用感知策略，对草图进行重新配置，鼓励另一组被试使用概念策略，想出许多类型的物体或场景，并利用它们来提出新的理解。令我们惊讶的是，概念策略比感知策略更有效，于是我们自己也不得不对得出的结果进行不同的解读，这不是第一次，也不会是最后一次。我们意识到，重新配置需要专业知识，而我们的新手被试不具备专业知识。但他们对生活中的物体和场景类别具有相当丰富的知识储备，所以他们可以很轻松地执行概念策略。

设计和创造力

我已经偏离了时间线索，转而沿着研究的轨迹讲述我们的故事。然而，一些时间背景是必要的。2005 年，我离开了斯坦福大学心理学系，来到位于纽约市的哥伦比亚大学教育学院，与一群认知科学家一起工作。我每年暑假、寒假和春假都会回到斯坦福大学继续几个研究项目，参加实验室会议和研讨会，帮助指导研究生，因此与斯坦福大学保持了密切的联系。

在哥伦比亚大学，我的许多研究生都是正在寻求职业转变的纽约人，他们带来了生活经验和其他领域的专业知识。舒曾经接受过建筑师的训练并做过设计师，因此她是研究设计过程和创造力的理想合作者。她想要研究日常即兴创作，比如当东西坏了无法正常工作，而我们又没有维修所需要的工具时，我们一般会用电线和胶带或者手边的任何东西即兴创作出一个解决方案。为了研究日常即兴创作的创造力，我们改编了一个设计课程中的标准热身练习作为我们的实验，即要求被试尽可能多地想出砖头或者雨伞这种普通物品的新用途。

新手和专家都时常卡在各种物品的普通用途上，这个过程被称为“固着”，是设计中常见的障碍。固着是一个简单的联想过程，从砖头到建造和雨伞，再到雨水是很强的联想，难以打破。以前的研究者们研究了几种摆脱固着的方法，从让你的思绪游荡到让你的脚游荡，任何花时间并且引入新联想的方法似乎都奏效。报纸标题赞扬着我们小时候会为之挨骂的事情——思绪游荡。思绪游荡可能会打破固着，但它无法提供新想法。

于是我们回到了“为模棱两可的绘画寻找新理解”的策略，即想出新的类别和场景。连孩子们都知道很多物体和场景的类别，他们还知道很多活动。我们意识到很多这样的知识都蕴藏在社会角色之中。老师、医生和园丁使用不同类别的物体，他们会出现在不同的场景之中，参与不同的活动。我们觉得想象不同的熟悉角色对想出新用途来说应该是一个很好的提示，比思绪游荡更好，因为它提供了一种生成新用途的方法，那就是想想一位木匠或者一位艺术家会用雨伞做些什么。

我们的直觉是对的，想象不同的角色比思绪游荡有效得多，而思绪游荡本身比提供任何搜索策略的效果更好。使用不同角色的有效性体现在元层面上，我们的被试提出了我们没有提供的其他角色，并且利用这些角色生成了物品的新用途。角色不仅产生了更多的新用途，还产生了更多的原创用途，也就是只有一两个人提出的用途。一位被试提出用椅子做一个玩偶屋，另一位被试提出用雨伞做水果碗，还有一位说用雨伞的辐条做烤肉串的签子。整体和部分的形状似乎驱动了许多新的想法。

草图：艺术

我和正树对建筑师草图的研究在教育学院获得了有效的进展，随后研究方向转到了艺术绘画上。安德烈娅·坎特罗威茨（Andrea Kantrowitz）是一名艺术家，她读研究生的时候决定参与一个艺术教育和认知科学的联合项目，这对我们俩来说都是一个幸运的决定。她和另外两位艺术家学者建立了一个由对绘画、绘画的实践和意义感兴趣的艺术家组成的联络网，创建了一个名为“绘画思考”（Drawing to Think）的艺术家组织，并且已经在纽约和英国举办了好几场令人兴奋的工作坊活动，将志同道合的各类艺术家和认知科学家聚集在一起，巩固他们的友谊，建立合作项目。

我曾受邀进行了几次演讲，但这于我是个艰巨的任务，因为他们都是专业画家。我从他们身上和准备演讲的过程中学到了很多东西。安杰拉的博士论文研究是对艺术家与他们的绘画的互动的实证调查，这项研究受到了我和正树研究工作的启发。与建筑师一样，艺术家们也表明他们会从自己的绘画中发现新的东西，他们说绘画是一个可以探索的安全地带，有时会故意让自己陷入麻烦。他们认为绘画是眼睛、手和纸之间的对话，文字只会造成妨碍。

创建视觉说明

到目前为止，我们已经拥有了一套用于创建图表的视觉词汇，其中包含各种各样的图像，主要用来指代事物。点用来表示从具体到抽象的概念，线用来表示连接它们的任意类型的关系，方框用来围住它们，箭头用来表示不对称的关系。这套词汇可以用纸上的绘画或者空中的绘画，也就是手势来表示。

手势是我们后来开始探索的一个领域，视觉词汇比词语有更多与意义的直接联系，后者与意义的联系在很大程度上是任意的。尽管如此，大多数课堂学习都是通过词语进行评估的。我和伊丽莎·博贝克（Eliza Bobek）认为，创建视觉说明是一种很好的学习方式，甚至是一种很好的评估学习的方式。但人们的视觉说明差异很大，很难对它们进行直接评估，这也是教育者们拒绝使用这种方式展示学习成果的原因之一。为了测试我们的想法，博贝克和她的同事们用一系列材料，包括教科书和动画授课，给初中生上了一堂讲化学键的课。随后他们测试了学生们对知识的掌握程度，便把他们分成了知识水平相当的两组，其中一组学生用视觉方式对化学键进行说明，另一组学生则用文字。学生们在这一过程中只能依靠自己的记忆，没有学习资料可参考。然后他们又进行了另一场测试。两组的分数都有所提高，也就是说，将学习到的材料整合成一个连贯的说明，提高了学生们的知识水平和对所学材料的理解。

令人印象深刻的是，进行视觉说明的那一组比进行文字说明的那一组提高得更多，学生们创建的视觉说明中包含了更多的关键信息，不仅仅是结构信息，还有更难以描述的行为和因果信息。我们认为视觉说明对学习格外有帮助的原因在于，它们比任意拿来的词语对信息的表征更为直接，而且它们提供了一种对信息的完整性和连贯性进行检查的方式。

现在让我们回到 20 世纪 90 年代中期的斯坦福大学，继续寻找其他研究的线索。在研究人们行动于其中的四个空间，即身体的空间、身体周围的空间、穿梭往来的空间，以及我们创造出来用来增强我们的思维和表达思想的空间的同时，我们也一直在研究人们与之互动的空间中的事物，比如面孔、身体、物体和场景。

它们中的每一个都有一个部分结构和部分层次；每一个都属于一个分类结构，归属于某个类别的层次；每一个都可以被视为静止于空间之中。我们发现，像公园和教室这样的场景分别包含着一组不同的物体和活动。场景、物体，甚至活动都被冻结在时间之中。时间又出现了！那么，是否存在从空间到时间的类比呢？

事件

将事件切割成部分

从空间到时间，这是许多研究者走过的路。这是一条自然的道路，因为我们就是用思考空间的方式来思考时间的。我们把事件放在一条时间线上，使其成为一个可以复杂化的一维数组。事件的先后发生需要或多或少的时间，就像物体需要或多或少的空间一样。物体可以重叠，事件也可以重叠。就像我们在空间中的经历被空间中的事物所标记那样，我们在时间中的经历也被时间中的事件所标记。

空间和时间之间有着密不可分的联系，这些联系长期以来一直吸引着哲学家、物理学家、语言学家和心理学家。时间中的事件与空间中的物体有着很多相似之处，它们也有组成部分和各种种类。罗施和其他研究者研究了事件的种类，就像她为物体找到了物体的基本层次、我和凯茜为场景找到了场景的基本层次那样，他们找到了事件的基本层次。我和扎克斯则决定从空间跳到时间。

我们从制作短视频开始，其中一些是人们熟悉的事件，比如整理床铺和洗碗，另一些是人们不熟悉的事件，比如组装萨克斯和给植物浇水。我们请被试观看这些视频，并且在每一个新事件开始时按下按钮。他们进行了两次这样的操作，一次是按照他们认为的最粗略的片段按键，另一次是按照他们认为的最细致的片段按键。问题是，这些细致的事件单元是否包含在更粗略的事件单元之中，也就是说事件之间是否也能构成一个部分结构呢？答案是肯定的。

我们还邀请了另一组被试将事件分解为粗略或精细的单元，同时对他们所分割的事件进行描述，描述的对象是已经完成的动作和已经完成的目标。比如整理床铺的粗略事件单元可以大致分割如下：取下床上用品、铺床褥、铺床单、铺毯子、把枕头放进枕套里、把枕头放上去。

粗略层次事件是根据物体的部分划分的，每个新事件都对应着对一个不同部分的操作。相比之下，精细层次事件是按照对单个部分的详细操作划分的，比如铺床褥所需要进行的不同操作。描述有助于组织感知，当被试对其分割的事件进行描述时，他们对精细事件单元和粗略事件单元的分层对齐比仅使用感知的条件下要好。

事件分割的感知基础

我们已经发现，在粗略和精细水平分别完成目标和子目标是将事件分割成部分的概念基础。自然而然地，我们想要寻找事件分割的感知基础。为了实现这个目标，我和布里奇特·马丁·哈德向被试播放了一些抽象动画视频，视频中展示的是圆形、三角形和方形不停移动的样子。看完 1 次或 5 次视频之后，被试会对视频进行分割，然后描述每段分割中发生了什么。

结果显示，看完 1 次视频之后，被试描述的是运动，向上或者向下，向内或者向外，快或者慢。观看 5 次视频之后，被试描述的是意图，比如小三角形在嘲笑大正方形，或者大正方形在欺负小三角形。虽然每个人对这些意图的理解存在着巨大的差异，但他们分割的位置是一致的。这意味着分割是受感知变化驱动的，无论是向前还是向后，分割的边界都是动作发生更大变化的地方。

我们在清理房间或者组装电视推车这种复杂人类行为序列的视频中也发现了同样的现象。分割片段的边界位于动作的局部最大处，所以感知和概念的边界存在一致性是有道理的，因为动作发生最大变化的时刻就是一个动作结束、另一个动作开始的时候。将事件分割成部分的感知和概念的基础是一致的，就像将物体分割成部分的感知和概念的基础是一致的一样。

我与凯茜的研究表明，将物体分割成部分的地方是该物体的轮廓发生变化的地方，不同的部分与不同的动作相关联。感知和概念在物体与事件中是对齐的。分割的感知基础为概念基础提供了良好的提示，而分割的概念基础为感知基础提供了良好的线索，它们其中一个可以从另一个中推断出来。正如我们的研究是从物体到部分，到场景，再到更大的空间，许多计算机视觉和计算机图形学研究也是如此，因此这项对动作的研究像之前的研究一样引起了相关研究者的兴趣。后来，我们和热那亚的克里斯蒂娜·贝基奥（Cristina Becchio）的研究组一起，对人们如何通过观察他人的行为来推测其意图展开了更加深入的研究。

讲故事

事件是发生在生活中的事情。我们对事件，对其中的人、地点和事物的记忆是我们身份认同的核心。事件被定义为具有开始、中间和结尾的动作序列，例如跑步比赛是一个事件，但跑步本身不是。因此，事件是故事的基础。传统故事通常不仅有开头、中间和结尾，还有悬念和情绪，甚至英雄和对手。开头可以制造悬念，结尾通常会提出一个观念、一条值得玩味的信息或者一个值得思考的东西。讲给年幼孩子们听的故事通常没有开头和结尾，它们只是一张“然后……然后……然后”的列表。最终，孩子们会学会在开头和结尾加入戏剧性。

故事必须让比父母或者祖父母更有鉴别力的人觉得有趣，将一系列事件转化成一个好故事通常需要对其进行修饰。如果是这样的话，我们可能会根据听众和我们想要表达的观点进行不同的修饰。我和伊丽莎白·马什想研究日常生活中的故事，也就是人们如何根据他们生活中的事件创作故事。我们从自己的经验中得知，上完一天课回来的本科生经常互相交流当天发生的事件和故事，这些事件在我们把故事讲出来之前都不算是真的。我们招募了一组本科生，连续一个月每天记录他们讲述的故事，不仅记录故事本身，还记录了他们向谁讲述了这些故事、是否夸大了信息、是否添加了信息、是否遗漏了核心信息，以及是否误导了他们的听众。

结果非常令人惊讶，学生们说他们在一半以上的故事中对核心信息进行了夸张和增减，而且他们不认为自己在误导听众，他们觉得自己没有说谎。那他们夸张和增减核心信息是为什么呢？他们是在使用诗意许可。他们是在讲述一个生动有趣的故事，而不是一张事件列表。如果讲故事的人为了讲好故事而夸张、添加和省略一些细节，他们的听众是如何理解自己所听到的故事的呢？

在我与丹尼·奥本海默合作进行的另一项从未发表过的研究中，我们再次招募了一些学生，请他们记录一天结束的时候，他们从朋友那里听到的故事。他们是否觉得自己听到的故事被修饰或者夸大了？实际上，他们的确会这么觉得。听众们认为他们听到的故事被修饰了的比例与讲故事的人报告的比例大致相同。如果有人告诉你，他们连续两周每晚睡眠不超过 4 小时，他们这周有 3 篇论文和 5 场考试。我们不会按照字面意义理解这些数字，而是得到“他们压力很大”的结论。这不是在法庭上做证，因为故事没有造成任何伤害。

学生们报告的大多数故事都是讲给他们的同龄人的，一小部分故事是讲给父母的，而且他们讲给父母的故事比讲给同龄人的故事更加克制，这促使我们更加仔细地研究听众是如何改变故事的复述的。在两个不同的研究项目中，我和马什分别与妮科尔·杜达科韦奇（Nicole Dudokovic）和迈克尔·赫特森（Michael Hutson）合作，请被试观看一部电影或者阅读一个故事。观影和阅读之后，被试要重述其中的事件，其中一些被试需要假设他们是在向警察进行陈述，另一些则需要假设他们是在向朋友讲有趣的故事。当然，人们对不同的听众重述的同一组事件是非常不同的。

但是如果我们为了让故事更吸引观众而改变它们，我们在讲述中进行的改变是否会改变我们的记忆？答案是肯定的。在实验室研究中，我和马什向被试呈现了一个故事，故事的内容是与两名新室友的一周假想生活，每名室友都做了相同数量的讨人喜欢或者令人讨厌的事情。在阅读完这个故事之后，被试被立即要求以两种视角中的一种写一封信：一种是一封向社交俱乐部推荐其中一位室友的推荐信；另一种是向院长请求不再与其中一位室友同住。正如我们所预期的那样，推荐信中出现了很多讨人喜欢的事情，而写给院长的信中出现了很多令人讨厌的事情。

不久之后，被试被要求回忆原本的故事。结果发现人们能回忆起的更多是与他们所写的信件视角一致的细节，与信件视角不一致的细节则比较少，而且只与他们为之写过信的那位室友相关。更令人惊讶的是，被试的回忆中还新增了另一位室友与所写信件视角一致的细节。他们的信件中没有犯这种错误，但他们的回忆中却有。被试似乎将信件的视角作为信息检索的纲要或者结构，这一纲要检索了与信件视角不一致的室友与信件视角一致的行为，改变了被试的记忆。也就是说，我们会按照我们讲述记忆的方式改变自己的记忆。更早有研究表明我们的记忆可以被问题中植入的信息所改变，但我们的研究发现，通过我们在重述记忆的过程中所使用的视角，我们自己就可以改变自己的记忆。事实上，我们每天都在这样做。我们的生活就建立在我们所构建和重构的故事之上，就构建在我们重述时会更改的故事之上。

事件并不是全都发生在语言之中。对大多数能看见的人来说，事件也发生在视觉中；对大多数能听见的人来说，事件也发生在声音之中，还发生在身体中。事件的发生是多感官的，感官信息不会保持原始状态太久，它们被收集、理解并且分类成带有标签的动作，这些动作被精选出来并且被连接成连贯的事件。然后，这些事件被重新梳理，为某位特定听众重新定制它的意义并且给出巧妙一击。事件就变成了故事。

但是，是什么构成了一个故事呢？我们研究过描述空间和时间的故事，描述的内容是事物在空间和时间中的状态，这些时空里有什么以及各种因素如何与彼此或整个主题相关。遵循着康德的思路，这些关联从空间和时间的关系发展到因果关系，因果关系通过解释被添加到描述之中。然后是故事，故事将声音或者视角、情绪、主角和对手、戏剧性和悬念添加到描述之中。所有这些都可以以多种方式、多种模态进行讲述，而我们正是像这样讲故事的。

漫画

漫画是一种自然的艺术形式，它们将文字和插图的创新使用形式结合起来讲述各种各样的故事。美国著名漫画家和漫画理论家斯科特·麦克劳德（Scott McCloud）那本见解独到的《理解漫画》（*Understandug Comics*）是一本完美的入门读物。他在这本书中分析了叙述技巧、描绘和空间排列对意义的贡献。其中的一个重点是从帧到帧的转换，与我们对事件分割转换的研究有着相似之处。他发现日本漫画的一个显著特点是通过转换展示同一场景的不同方面，从而创造出一种缓慢沉思的体验。我们尝试过复现这一发现，但是失败了，后来我们得知其他研究者也没能成功复现这一发现。

经过进一步观察，我发现研究帧内发生的事情比研究帧之间发生的事情更具有启发性，我觉得这可能与语言有关。像英语和中文的一大特征是，它们有许多用来表达运动方式的动词，比如跳跃、小步快跑、漫步、摇摆等。罗曼语和日语中则缺乏这样的动词，比如这些语言的动词可以带你进出、上下，甚至奔跑，但是这些动词表达的是运动的路径，运动的方式则必须通过其他方式表达。语言在语义上的这种差异影响了语言之间的翻译。比如，斯洛宾发现，英语中对运动路径的复杂描述会被翻译成西班牙语中对空间的描述，反之亦然。

就我们对描绘中转换的研究而言，检查该描绘所处的文化和语言的语义似乎是明智的。我们要对比的是东方和西方的文化和语言，所以我们需要收集两种描述运动方式的语言，一种是东方的，一种是西方的。我们还要收集两种描述运动路径的语言，同样也是一种是东方的，一种是西方的。我们还想研究故事结构和戏剧弧线，于是我们需要 10 ～ 20 页的故事。

在不同国家一次又一次的会议期间拜访当地的漫画店是件非常有趣的事情。当时，日本漫画美学正向世界各地传播，因此我们必须保证我们找到的漫画是日本自产的。漫画店通常由漫画爱好者担任工作人员，他们对漫画了如指掌，虽然我对自己感兴趣内容的解释有些奇怪，但他们都能理解。在阿姆斯特丹的一家商店里，当老板明白我想要什么的时候，他的脸上露出了笑容。他带我走过迷宫一样的房间，来到一个堆满了香港漫画的房间角落。它们正是我需要的！

我们的预期是，使用描述运动方式的语言的漫画中会有更多的动作，而使用描述运动路径的语言的漫画中会有更多的静态场景。特蕾西·乔（Tracy Chow）当时是我的一名硕士研究生，她承担起了这个研究项目。她从中文和英文两个漫画故事的开头、中间和结尾截取了漫画画面，这两种语言都是描述运动方式的语言。她从意大利语和日语漫画中截取了同样的画面，这两种语言都是描述运动路径的语言。她仔细地删除了漫画中的文字并对页面进行了随机排列。接下来，被试会对每一帧漫画进行从高度运动到高度静止的评分。为了找到东西方的评分者，乔联系了各个国家的学生会，还带着电脑到曼哈顿的一家颇受欢迎的日本书店旁边的公园蹲点。

正如我们所预期的那样，我们发现无论是来自东方还是来自西方的评分者对“方式语言”漫画的运动评分都比对“路径语言”漫画的要高。但我们还发现了一种完全独立的文化效应：东方漫画的运动评分比西方漫画的要高。我们咨询了研究东西方差异的理论家，他们都对此感到惊讶并且无法做出解释。正如很多研究一样，思考和观察只是提供了一个解释。很多运动都是人的互动，比如一个角色追逐、拥抱、刺伤另一个角色。也就是说，动作展示的是社会关系，这一属性在东方文化中比在西方文化中更为强烈。

复杂性是另一个更具东方文化特征的属性。也许是因为社会联系非常复杂，东方的建筑环境也比西方的建筑环境更加复杂。我后来的一位硕士研究生的毕业论文研究了不同文化中儿童书封面和算术图表在复杂性上的差异。来自东西方的评分者对这些封面和图表进行了评分，评分者的文化背景对他们的评分没有影响。东方的儿童书封面更有可能展示社交活动而不是个人，而西方的儿童书封面则通常只有一个角色。东方文化的加减乘除法图表比西方文化的图表获得了更高的复杂度评分。遗憾的是，我还没有发表这些论文。不过这是一个有趣的领域，值得进一步探索。

我的另一位硕士研究生乔纳森·布雷斯曼（Jonathan Bresman）是一位真正的漫画学家，他家的阁楼上摆满了令人羡慕的漫画收藏。我们开始研究漫画创造意义的诗意方式。每当我提出可能的描绘图形时，他都能举出许多例子，其中就包含隐喻、类比、转喻和其他许多希腊人还没有为之命名的描绘图形。还有视觉指代，即通过将一帧中的视觉因素延续到下一帧来表达帧与帧之间的连续性，或者通过不这样做来打破帧与帧之间的连续性。故事中的角色通过走出方框来走出故事，他们可以在方框与方框之间形成的所谓的“沟”里向方框内张望，和仍然在故事中的人交谈。描绘是一种强有力的表达方式，许多描绘手段都难以描述。我需要展示它们，我可以在演讲中做到这一点，但由于版权问题，无法在本书中进行展示。

视觉元素在媒体中出现得越来越频繁。这也许是由于描绘的力量，也许是因为印刷品是数字化的，而像素不关心内容。所有领域中的印刷品和数字媒体都已经远远超越了照片的范畴。图表、地图、图示、网络、图解和漫画不仅在科学和说明中是讲故事不可或缺的一部分，在日常新闻中也是如此。用数字讲故事已经成为新闻学领域的一项专长，并且我想它很快就会成为标准做法。用数字讲故事已经把记者带入了图表呈现符号学的大家庭，与他们一道的还有哲学家、语言学家、科学家、设计师、建筑师和艺术家。这些互动又通过会议和编辑书籍得到了促进。这些演示和文章并不是将新的研究而是将已知的研究汇集起来，去讨论基本现象和它们的影响。为不同社区演讲和撰写综合论文是一件乐事。

手势

自然的现场交流在本质上是多模态的，它不仅仅有语言，还有语调和语言的节奏；它不仅仅有文字，还有手势以及手势与世界的互动。婴儿在学会说话之前就会打手势，与猿类不同的是，婴儿会看向他人所指的方向。手势通常被定义为身体对思想而不是对世界的动作，这一点体现在我们谈论思想的方式上，我们的用词完全是我们对物体的动作。我们提出想法，抛弃它们，把它们拉在一起，撕碎它们，撤回它们，把它们倒置过来或者里外颠倒。通常，我们在说这些词的时候会无意识地打手势。我们研究的重点是手势的形式以及手势对我们和观看我们手势的人的思维的影响。结果表明，在许多情况下，手势的形式与图表中线条的形式是相似的。

有一种观点认为手势是在空气中画画，通过指示方向以及在空间中进行堆叠，手势可以建立争论中的两个或者多个立场，就像为不同立场的支持者画一张表格一样。手势可以表示地点或者想法，用点表示思维；手势可以在空间中画出线条来表示点与点之间的关系，就像纸上的线条一样。评价性概念，比如质量或者数量被表示成垂直的线；中性概念，比如时间，则被表示为水平线，就像在图表中那样。同样与图表类似的是，手势也可以比词语更直接地模拟它们所表示的内容，无论这些内容是空间的、商业的、社会的还是机械的，或是它们之间的关系或者动作。手势可以体现一个系统，显示手势的部分和部分之间的相互作用，我们研究的正是手势的这些语义内涵以及作用。

在图解上打手势能促进合作

让我们暂时回到我与海泽在斯坦福大学的研究。我们一直在对图表的设计和用途进行研究，我们震撼于图表不仅能促进个人思考，还能促进协作。我们将这一发现带进了实验室，招募了一些学生，让他们在校园地图上找到一条路径，在一场假设出现的地震之后拯救尽可能多的伤员。地震在斯坦福大学是真的可能发生的事情。我们为被试提供了显示伤员数量、伤员所处地点和无法通行的道路的地图。其中一组被试可以在同一张地图上进行计划并且共同设计营救路线，另一组被试则进行远程合作。

我们在被试中间放了一张帘子，他们虽然可以自由交谈，但是不能共享同一张地图，也看不到彼此在地图上打的手势。实际上，面对面合作者的对话主要是在地图上的手势的对话。他们画线表示路径，用指示表示地点，用横线表示可以忽略的区域。他们会看着彼此在地图上的手势，而不是看着彼此。合作者们会轮流打手势，手势就是他们对话的焦点，而文字是对手势的注释，比如“这么走”和“这里”。被帘子隔开的被试则必须完全依靠语言，尽管他们在口头上对路线达成了一致，但他们画出的营救路线图约 30% 都是不同的。面对面的被试比远程被试更享受这次合作，而实际上他们在任务中也更具有合作性。

远程合作的被试发生了一件有趣的事情。当一位合作者描述了一条建议路线，另一位合作者有时似乎是为了理解它，会把这条路线在地图上勾画出来。词语，即使是用来对空间进行描述的词语，也难以理解。正如我、泰勒和富兰克林的合作研究发现的那样，你必须用词汇在脑海中建立一个空间心理模型。

手势有助于我们思考

我想要继续研究这个现象。在斯坦福大学，我和诺埃尔在一项实验中邀请学生们解决视觉空间问题，其中一些问题引起了学生们自发的手势。打手势的被试更可能找到问题的解决方案，但我们还需要更多的证据。

在哥伦比亚大学的教育学院，研究生阿扎德·贾马里安（Azadeh Jamalian）和博士后瓦莱里娅·贾尔迪诺（Valeria Giardino）加入了我的研究团队。我们重新编写了一些泰勒和我使用过的环境描述，然后再把它们呈现给独自待在房间里的被试。被试们被告知把每个描述读 4 遍，为接下来的测试做准备。令我们高兴的是，大概 70% 的被试在学习过程中至少为一个描述打了手势。他们的手势与我和海泽在对说明的研究中所观察到的相同，主要是用指地点和画线的方式表示地点和地点之间的路径。也就是说，他们的手势为环境建立了模型和地图。更令人兴奋的是，如果被试在学习时打了手势，他们在记忆测试中的表现会更好。

我们复现了这项研究，这一次是两组被试，第一组被试被要求将双手放在臀部下方，也就是坐在自己的手上，第二组可以自由使用双手。我们没有对被试提到手势，但第一组的一些被试说：不用手我无法思考！允许打手势的另一组表现得更好，特别是在他们学习过程中为之打过手势的描述上。

我的另外两位研究生梅丽莎·布拉德利（Melissa Bradley）和刘杨对这项研究产生了兴趣，并且进行了合作。他们先是进行复现工作，然后将这项研究扩展到其他类型的描述上，新的描述包括对比如汽车制动器之类的机械系统、对时间上的并行事件和对不同国家的国民生产总值随时间的变化的描述。我们再次复制了这些发现。超过一半的被试在学习过程中为他们阅读到的描述建立了手势模型，并且如果他们打了手势，他们的表现也更好。被试建立模型和表征系统的方式各有不同，就像系统有各式各样的图解一样。但是，在所有情况下，这些模型都是空间运动模型。被试很少看自己的手，手和手臂在空间中的动作似乎可以将文字转化为思维。

到那时，我们已经找到了很多组可以空间化、引发有助于学习者思考的手势的概念。那么边界在哪里呢？我们可以找到无法空间化的描述吗？我和布拉德利认为，像“伊利诺伊州的州鸟是红雀”这样的琐事和事物之间的任意关系不太可能引发学习者的手势。确实，面对这样的描述，打手势的被试的比例要低很多，但有些人会依次对着“伊利诺伊州的州鸟”和“红雀”做出指示手势。毫无疑问，由于打手势的被试比例太低，任何记忆效应都无法被检测到。

手势领域的一些研究者认为，手势通过建立视觉图像起作用。我们认为，手势通过建立空间运动表征，也就是具身表征起作用。如果它们是用来建立视觉图像的，它们就不应该被用于理解图表，因为图表本身已经是视觉表征了。我和刘杨向新的被试展示了对几个我们和其他研究者研究过的系统的描述或者相类似的图解，这些系统包括环境系统、自行车泵和汽车制动器，并且用相同的问题对他们进行了测试。像之前一样，超过一半的被试在学习过程中打了手势，手势的比例和类型在图解和描述中是相同的，也就是说，被试用手建立了这些系统的模型。图解也需要被转化为思维，而手势模型有助于这一过程。博贝克的研究表明，建立视觉说明有助于学习。贾马里安、贾尔迪诺、布拉德利·兹拉达（Bradley-Zrada）和刘杨的研究表明，手势模型有助于学习。两者都是视觉空间表征，与词语相比，它们都与意义有着更为直接的关联，都使用一组简单的视觉空间元素，比如点、线、方框、描绘和空间中的位置来组织一系列复杂的关系。

手势有助于他人思考

最先开始研究手势的是语言学家，他们通常在口语情境下研究手势。其中很多人认为手势是附加物，不是意义的核心，交流中真正重要的内容是词语。词语等语言要素具有一种表情达意的优雅结构。语言可以被分解为各种单元，比如音素、单词和句子。为了证明手势对意义的贡献，研究者们向被试展示了音频或者视频说明，带有手势的视频说明比没有手势的音频说明更容易理解。也就是说，手势促进了听众的理解。其他研究者还发现，手势有助于说话者找到他们想要的词语，因为当他们被要求在做出说明的同时坐在手上时，他们很难找到想要的词语。我们的研究则表明，手势有助于进行理解和记忆。我们还发现了一种类似于图表中的点、线、方框和描绘的手势视觉空间元素，我们想知道使用这种视觉空间元素是否有助于听众的理解和记忆。

阿耶莱·西格尔（Ayelet Segal）对能够促进教育的技术手段感兴趣，尤其是可以教成绩不太好的小学生算术的技术。我们请学生们用平板上的触摸屏完成两个任务：一个是做加法的离散任务；另一个是在数轴上进行估算的连续任务。学生们在使用了离散手势的加法任务中表现更好，而在使用了连续手势的数轴估算任务中表现得更好，所以我们得到的结论是：使用与需求动作适配的手势更为有效。

另一名学生姜锡敏对手势在 STEM 教育[①]中的作用感兴趣，尤其是展示动作的手势，因为理解动作对学生而言很难，而理解结构要容易得多。被试们观看了汽车发动机的说

① STEM 教育是指结合了科学（Science）、技术（Technology）、工程（Engineering）和数学（Mathematics）这四门学科的教育体系的、多领域融合的综合教育。——编者注

明视频，其中一个版本的视频包含着展示结构的手势，另一个版本包含着展示动作的手势。接着被试接受了对发动机结构和动作理解的测试，我们还请他们对汽车发动机的工作原理进行了视觉说明。最后，他们被要求制作一个汽车发动机的说明视频。

动作手势对被试理解动作产生了巨大的影响，那些观看动作手势的被试在动作问题上表现得更好。他们设计的视觉说明中也有更多动作的展示，比如他们使用了大量箭头，描绘了燃料和氧气的混合和小型爆炸的过程。观看动作手势的被试制作的视频中也使用了更多的动作手势，这些手势大部分都不是视频中手势的模仿或者复制，而是被试自己的发明。这些结果，特别是那些来自视觉和视频说明的结果，有力地证明了观看动作手势有助于学生内化该动作。

像之前一样，对从他人的手势中进行学习的研究结果呼应了对图表的研究结果。图表研究一次又一次地表明，与文字相比，人们更容易从图表中对复杂系统进行学习。现在我们发现，人们可以通过手势更好地学习像 STEM 概念这种复杂系统，尤其是展示动作的手势。

不同的视角

我和泰勒研究了人们什么时候更喜欢从他们自己的自我中心或者路径视角描述环境，什么时候更喜欢使用非自我中心或者勘察视角，当然还有你的视角或者我的视角。泰勒对路径的自然描述采用了读者的视角，将地标放置在读者的前后左右。我、梅因沃林和大岸发现，当说话者的认知负荷较低时，他们倾向于采用听众的视角。当然，这是典型情况，假设的听众都与说话者有着不同的视角。

一个在不同领域中普遍存在的假设是，采用自己的视角比采用不同的视角更容易，也更自然。令人惊讶的是，在某些情况下，这种假设是错误的。我和哈德向人们展示了一张照片，照片上是一个男人手里握着一个瓶子坐在桌子前，旁边放着一本书，男人正在伸手够这本书。我们的被试在看这张照片的时候采用的是我们的视角。我们问被试："这本书相对于这个瓶子放在哪里？" 从我们的视角，也就是被试的视角来看，书放在瓶子的右边。但是从照片中的男人的视角来看，书放在他的左边。结果是回答“左边”的被试比回答“右边”的被试更多。

为什么人们看这张照片的时候会采用男人伸手拿书时的视角呢？尤其是采用这个视角，还需要颠倒左右，进行一个困难的转换。我们推测，人们采用男人的视角是为了理解他的动作。实际上，当照片上的男人目视前方而不是伸手够书时，被试会采用自己的视角。当问题没有提到伸手时，人们采用男人视角的倾向也会减弱。

随后许多其他研究者的研究证实了这些效应的存在。在与位于热那亚的贝基奥研究组的合作中，我们向被试呈现了许多这样的场景，并且在一些试次中请他们从自己的角度进行回答，在另一些试次中请他们从他人的角度进行回答。当场景中的人物在做动作时，被试从人物的相反视角进行回答比从自己的视角进行回答的速度更快。理解面对我们的人的动作对于理解对方的意图和准备我们自己的动作至关重要：这个人拿起球是要抛给我们接还是要朝我们扔？我们应该接球还是应该蹲下躲开？

对另一个人的动作做出反应，这要求我们理解那个人的意图，而这些意图通常是没被说出口的。有许多线索可以帮助我们了解另一个人的意图，主要是眼睛的注视、头部的转动、手或者踢足球时腿伸出的方向。一般而言，我们会首先看向一个即将发生的动作的方向，然后我们的身体才会行动。我和贝基奥的研究团队把重点放在了手和手臂的动作上。被试会观看一只手臂伸向瓶子的视频，视频截断于手碰到瓶子之前。观众可以准确地区分手伸向瓶子是为了倒水、从瓶子里喝水还是把瓶子递给某人。

运动共鸣可以帮助解释这个现象，意思是说，观看另一个人的动作会引起观察者本身运动系统的共鸣，他们的相关肌肉会被轻微激活。计算机程序也可以区分这些意图，但是人和计算机程序究竟使用了哪些伸手的特征尚不清楚。想想迅速移动的篮球比赛。球员需要理解本队队员和对手的意图，并且在他们的动作中向自己的队伍传达一种意思，向对方传达另一种意思。所有这些都在瞬间发生，不需要语言。实际上，语言的发生要慢很多。

增强现实和虚拟现实

多年以来，我有幸和哥伦比亚大学史蒂文·费纳（Steven Feiner）领导的一批杰出的计算机科学家合作。费纳是一位从事增强现实和虚拟现实研究的计算机图形学专家，我们的研究集中在两个能够代表许多其他任务的日常任务上，即导航和组装维修。导航是脚在空间中的动作，组装和维修是手在空间中对物体的动作。我搬到纽约之后开始和费纳合作。我一直以来都是从认知科学的角度研究类似的问题，这次我们共同展示了隐性具身方法在引导行为上的价值。理解说明书是件困难的事情，阅读说明书会把注意力和眼睛从实际任务中移开，因此，利用增强现实进行隐性引导既省去了阅读说明书的必要，又省去了把注意力移开的必要。

门居·叙坎（Mengu Sukan）领导的一个研究项目是通过在工人周围放置一条虚拟隧道来引导他们站到正确的位置修理一台大型发动机，然后他们在工人的头部周围放置了一条虚拟隧道来引导工人的眼睛看向发动机需要维修的位置。

另一项由叙坎和卡迈恩·埃尔塞维欧（Carmine Elzevio）

领导的研究将虚拟物体的动作叠加在一起，向工人展示他们需要采取的动作。认知科学研究表明，人们可以在工作记忆中保留几个未来步骤。费纳研究组的研究表明，为一系列即将到来的步骤提供大约 4 个线索比为每个步骤逐个提供线索更加有效。

基于认知科学对人们使用注视和手部动作作为意图线索的研究，由刘金硕带领的费纳研究组用工人的眼睛和手作为放置步骤线索的线索，提高了工人的工作效率。这项研究表明，用户会优先考虑动作位置的线索，而不是动作模式的线索。这与诺维克和阿莫斯对在解决几何类比问题中应用心理转换的研究相一致。这项研究和之前我与汉拉恩的研究组在斯坦福大学的研究一样，与我和艺术家、设计师、领域科学家以及人工智能和图形学方向的计算机科学家的合作一样，极其令人兴奋。看到认知科学对人的发现被应用在如此广泛的现实任务和经验中，我感到很欣慰。

对空间描述和动作描述的研究、对可视化的研究、对手势的研究、对视角选择的研究、对理解他人意图的研究，以及它们在计算机领域的应用研究都自然而然地引出合作、配合和协作的话题。我和海泽很久之前收集了学生们成对组装电视推车的视频，但是没有分析它们，郑琛在哥伦比亚大学教育学院的博士论文中承担了这个任务，我们最感兴趣的是成对的被试如何协调他们之间的动作。

按常理推断，我们自然联想到其中一人会扮演领导者的角色，指导搭档的动作，并且这种指导会通过语言进行。结果却发现，这两个假设都是错误的。搭档们在开始组装之前不怎么说话，他们对话的内容大多是关于印在包装盒上的电视推车的照片，还有堆在桌子上的部件的。他们会弄清楚电视推车的结构应该是什么样子，这段对话是关于结构的，而不是关于搭成这个结构所需要的动作的。

在这之后，搭档之间的大部分互动都是部件与部件的对话，而不是文字和文字的对话。其中一人会拿起一个部件，这个动作就说明他们接下来要组装这个部件。搭档们会通过进行下一个组装步骤来予以回应，并继续这个循环。当他们遇到错误的时候，被试们又开始说话，从而去辨认并且纠正这个错误。这再次表明，描述空间中的位置和空间中的动作的语言通常很模糊，并且难以映射到世界中去，行为比语言更快、更准确。

很多种合作都是以这种形式，即通过动作而不是语言进行的，比如我们已经提到过的打篮球、即兴爵士演奏、绘画和设计、在一条拥挤的街道上走路并且不撞到他人。对婴儿和乌鸦的研究也提出了非凡的洞见：这些高度智能的动作都是感知和动作的直接耦合，不需要语言参与调节。

Spraction

2017—2018 年，我把我的很多研究汇总到了一本书中，也就是《行为改造大脑》。这本书旨在为广泛的读者群体提供一本读物，它似乎已经做到了这一点。从事不同职业的人都写过反馈给我，包括设计师、艺术家、计算机科学家、舞者、物理治疗师、临床心理学家、高中生等。他们的反应令我感到惊讶，这些反馈不仅使我感到满足，而且让我学到了很多。

这本书的最后一章引入了一个新的概念，它有一个笨拙的名字叫 Spraction。**Spraction 是空间（space）、动作（action）和抽象（abstraction）的缩写。**空间中的动作创造了抽象，动作不仅创造了物体、空间和图表，还创建了我们栖居的环境。环境既限制了思维和行为，又使得思维和行为成为可能。那些对物体和空间的动作被截断并风格化为手势，手势就是对思维的动作。那些推动了世界运行的动作创造了模式、群体和层次、一对一的对应关系、循环、行和列。这些模式被转化为地图、图表、图解、图示和草图，用来表达和传递思想。

与不同领域的学者一起工作

我暂时为自己下个结论：选择心理学研究，尤其是在心理学研究中选择了认知心理学作为职业并不容易。

我有很多兴趣爱好：写作、绘画、戏剧、逻辑、数学、哲学、科学和历史等。我想，吸引我进入心理学的是完成大学二年级的那门心理学课程之后，我接到的进入实验室工作的邀请，那是一份让我自己制定研究项目的邀请。作为本科生进行原创研究是令人兴奋的，那意味着我加入了一个有更大知识追求的科学家社区。当然，这项工作是艰苦而紧张的。我花了很长时间待在实验室里，在图书馆阅读和做笔记，和其他研究生同学还有老师讨论研究。这些努力从未停止，它们充实了我的整个职业生涯。

成为专家也意味着变得局限。在某个时刻，我会开始怀念本科时拥有的广度。跨学科工作、和从业者或学者一起工作，这些都使我接触到了不同的领域，并使我不断学习。即使在心理学领域之内，我也参加了发展心理学、神经科学、社会心理学、人格学等方面的研讨会，并且经常担任研究生委员会的成员。

一切都要经过人们的大脑。实验室任务是狭隘的、高度受控的，但现实世界并不是这样；实验室任务是高度精细的，旨在捕捉世界的某些方面，但许多其他方面都缺失了。与其他学科进行联系可以纠正这些偏差，还能带来其他视角。

与我一起工作的研究可视化的计算机科学家不是唯一对空间思维感兴趣的人。一位在弗兰克·盖里（Frank Gehry）的迪士尼音乐厅工作的结构工程专业研究生找到了我，一位学习比较文学、正在研究视觉诗歌的研究生也找到了我。还有医学院研究可视化的人们，研究哲学、语言学和计算机科学的人们。

在斯坦福大学之外，在生物、化学、地质、地理等领域工作的人们，在人工智能、人机交互、图形学、虚拟现实和增强现实领域工作的计算机科学家们联系了我，他们的工作大量依赖空间思维或者可视化。对空间、事件和语言感兴趣的哲学家和语言学家联系了我，艺术家、建筑师、设计师、作家、博物馆设计师也联系了我。后来，我们对手势的研究吸引了舞者、演员、物理治疗师、瑜伽练习者等各行各业的人士。许多合作成果都没有发表，但我们的合作总是非常有趣且具有启发性。

从那些对自己正在从事的工作和思考的事情充满热情的人那里学习、与他们一起工作、把他们的工作和思考与我的工作和思考联系起来，是一种愉快的体验，也是我灵感的源泉。

结束一个人生故事，或者结束任何故事，都比开始更加困难。我的故事还没有结束。

一切都未完待续

撰写后记意味着对已经落笔的文字进行回顾。我倾向于把文字暂时“隐藏”，然后再进行编辑，但是时机已经错过，因为文字已呈现出来了。所以我选择后退一步，重新审视整体，以一种全景和元认知的视角去剖析已经写下的文字。请注意这里使用了被动语态“已经写下”，而非“我写下”。这种尝试性的抽离源自我们内心深处不断反思、重构自我以及更新生活经历的冲动。同时，我们也会有一种持续不变的感觉，认为自己始终如一。而现在，随着年岁的渐长，当我回顾照片、纪念品和记忆时，我仿佛失去了对时间概念的感知。就如同翻阅相册，伴随着那些由照片和纪念品唤起的丰富回忆，过去的一切可以瞬间汇聚在眼前。

尽管如此，时间仍会在人们的面孔和记忆中显现出来。即使这些面孔与记忆被定格在屏幕、纸张或者我们的脑海中，也依然会随着岁月的流转而变化。在这样的思考中，我又一次深刻意识到人物、时间和地点的重要性，它们共同构建起了我的生活，并赋予生活以意义。此外，我们创造的事物及其之间错综复杂的联系也至关重要。在这个过程中，我并非孤军奋战，许多研究者和机构与我同在，没有他们的支持，这些工作就无法完成。我的研究主题看似分散，但其实有着紧密相连的脉络，推动了我在记忆、分类、思考、语言、手势、可视化、空间认知、时间认知、故事、内外部表征、具身认知、协作、创新等多方面的工作进展。这些主题和关联引领我涉足艺术、科学、人文等多个学科，连接了理论与实践。它们也引领我走过了许多国家，包括令人难忘的多次中国之行。我深感幸运，未来还有更多的事情要做。

未来，属于终身学习者

我们正在亲历前所未有的变革——互联网改变了信息传递的方式，指数级技术快速发展并颠覆商业世界，人工智能正在侵占越来越多的人类领地。

面对这些变化，我们需要问自己：未来需要什么样的人才？

答案是，成为终身学习者。终身学习意味着永不停歇地追求全面的知识结构、强大的逻辑思考能力和敏锐的感知力。这是一种能够在不断变化中随时重建、更新认知体系的能力。阅读，无疑是帮助我们提高这种能力的最佳途径。

在充满不确定性的时代，答案并不总是简单地出现在书本之中。“读万卷书”不仅要亲自阅读、广泛阅读，也需要我们深入探索好书的内部世界，让知识不再局限于书本之中。

湛庐阅读 App：与最聪明的人共同进化

我们现在推出全新的湛庐阅读 App，它将成为您在书本之外，践行终身学习的场所。

- 不用考虑“读什么”。这里汇集了湛庐所有纸质书、电子书、有声书和各种阅读服务。
- 可以学习“怎么读”。我们提供包括课程、精读班和讲书在内的全方位阅读解决方案。
- 谁来领读？您能最先了解到作者、译者、专家等大咖的前沿洞见，他们是高质量思想的源泉。
- 与谁共读？您将加入优秀的读者和终身学习者的行列，他们对阅读和学习具有持久的热情和源源不断的动力。

在湛庐阅读 App 首页，编辑为您精选了经典书目和优质音视频内容，每天早、中、晚更新，满足您不间断的阅读需求。

【特别专题】【主题书单】【人物特写】等原创专栏，提供专业、深度的解读和选书参考，回应社会议题，是您了解湛庐近千位重要作者思想的独家渠道。

在每本图书的详情页，您将通过深度导读栏目【专家视点】【深度访谈】和【书评】读懂、读透一本好书。

通过这个不设限的学习平台，您在任何时间、任何地点都能获得有价值的思想，并通过阅读实现终身学习。我们邀您共建一个与最聪明的人共同进化的社区，使其成为先进思想交汇的聚集地，这正是我们的使命和价值所在。

图书在版编目（CIP）数据

穿行在记忆的宇宙 /（美）芭芭拉·特沃斯基著；郑琛译 . — 杭州：浙江科学技术出版社，2024. 12.
ISBN 978-7-5739-1509-2
Ⅰ. K837.125.1
中国国家版本馆 CIP 数据核字第 2024KP8610 号

书　　名	**穿行在记忆的宇宙**
著　　者	[美] 芭芭拉·特沃斯基
译　　者	郑　琛

出版发行	**浙江科学技术出版社**
	地址：杭州市环城北路 177 号　邮政编码：310006
	办公室电话：0571－85176593
	销售部电话：0571－85062597
	E-mail:zkpress@zkpress.com
印　　刷	唐山富达印务有限公司

开　　本	880mm×1230mm　1/32	**印　　张**	6.75
字　　数	158 千字	**插　　页**	5
版　　次	2024 年 12 月第 1 版	**印　　次**	2024 年 12 月第 1 次印刷
书　　号	ISBN 978-7-5739-1509-2	**定　　价**	79.90 元

责任编辑	余春亚	**责任美编**	金　晖
责任校对	张　宁	**责任印务**	吕　琰